평신도를 위한

신약성경 핵심 가이드

| 민영우 지음 |

쿰란출판사

평신도를 위한 신약성경 핵심 가이드

1판 1쇄 인쇄 _ 2018년 10월 20일
1판 1쇄 발행 _ 2018년 10월 25일

지은이 _ 민영우
펴낸이 _ 이형규
펴낸곳 _ 쿰란출판사

주소 _ 서울특별시 종로구 이화장길 6
편집부 _ 745-1007, 745-1301~2, 747-1212, 743-1300
영업부 _ 747-1004, FAX 745-8490
본사평생전화번호 _ 0502-756-1004
홈페이지 _ http://www.qumran.co.kr
E-mail _ qrbooks@gmail.com / qrbooks@daum.net
한글인터넷주소 _ 쿰란, 쿰란출판사
등록 _ 제1-670호(1988.2.27)
책임교열 _ 이화정·이경훈

 ISBN 979-11-6143-191-8 04230
979-11-6143-190-1 (세트)

책값은 뒤표지에 있습니다.

추천사

민영우 집사님은 기독교계에 유명인사는 아니지만 그러나 교회를 조용히 성실히 출석하며 하나님의 말씀을 따르고 그리스도의 삶을 닮아보려고 애쓰고 힘쓰는 모범적인 그리스도인이다.

오랫동안 나름대로 성경을 읽고 탐구한 자료들과 그 외의 기독교 관련 서적들을 찾아 읽고, 수집한 정보들을 정리하여 믿음으로 그리스도를 사랑하며, 그리스도를 닮아 살려는 분들에게 다소나마 신앙적인 도움을 드리려고 이 책자를 출간하게 되었다.

참으로 고맙고 장한 일이라 생각한다. 목사인 저 자신에게도 큰 도움과 유익이 되는 성경 내용들이 많이 요약 정리되어 있다. 그러므로 성경을 읽고 말씀대로 살고 싶어 하는 분들에게 실로 많은 도움과 유익이 될 것으로 확신하며 적극 추천하고 싶다.

이는 민영우 집사님의 겸손하고 온유한 인격과 또 많은 불우한 이웃들을 위해 매년 거금을 기부하는 선행이 증명하고도 남는다.

바라기는 이 책자가 윤리와 도덕이 무너진 이 시대를 살아가는 모든 사람들의 필독서가 되어 성경을 삶의 규범으로 삼아 살아감으로써 세상의 빛과 소금이 되기를 기원한다.

2018년 9월

정재철 목사

(대치동교회 원로)

추천사

하나님께서는 예수님을 알지 못하는 한 사람의 인생에 빛을 주셔서 믿음으로 초대하였습니다. 민 집사님은 본가와 처가에 누구 하나 믿지 못하는 척박한 신앙의 환경 속에서도 믿음을 잃지 않고 묵묵히 길을 가면서 가정을 복음으로 세웠습니다. 그리고 지금도 하나님의 인도하심 속에서 복음의 빚진 자로서 날마다 하나님을 더욱 알고자 하는 분입니다.

이 책은 하나님을 전혀 알지 못하는 불신자였던 그가 어떻게 하면 하나님을 좀 더 알 수 있을까 고민하면서 10년이 넘도록 성경을 묵상하고 성경에 관련된 서적과 자료를 정리 요약한 책입니다.

이 책은 신학을 하지 않은 평신도가 저술했다고 생각할 수 없을 정도로 성경의 핵심만을 집중하여 세밀하게 기술하였습니다. 신구약의 창조계획과 이스라엘의 선택, 출애굽과 가나안 정복 시대, 포로기를 거쳐 예수 그리스도의 복음의 여정과 교회의 탄생, 그리고 다시 올 천국까지 하나님의 언약과 인도하심을 그림으로 그릴 수 있는 책입니다.

나아가 성경을 읽으면서 한번쯤 생각나는 의문이나 성경에 기술되지 않은 것에 대한 궁금증을 도표화하였으며 성경 곳곳에 나온 용어나 명칭에 대해서도 일목요연하게 기록하였습니다.

이 책은 어린아이부터 장년에 이르기까지 누구나 손쉽게 성경의 흐름을 따라갈 수 있습니다. 또한 성경의 큰 그림을 그리게 해주기 때문에 목회자인 저도 성경을 묵상할 때나 설교를 준비할 때 많은 도움을 받곤 합니다. 이런 귀한 책이 한국 교회에 소개됨을 기쁘게 여기며 독자들의 신앙생활에 큰 도움이 되기를 바랍니다.

2018년 8월

김원태 목사

(수지기쁨의교회 담임)

추천사

"주의 말씀은 내 발에 등이요 내 길에 빛이니이다"

(시편 119:205).

저는 하나님의 말씀을 전하는 설교자요 교회의 사역을 감당하는 목사입니다. 그렇기 때문에 성경을 읽고 묵상하고 연구하는 것은 제 삶의 기본이며 가장 많은 시간을 할애하는 일입니다. 모든 설교자와 목회자가 저와 똑같이 말할 것입니다.

그런데 설교자나 목회자가 아닌 분으로서 민영우 집사님처럼 성경을 연구하시는 분은 처음 만났습니다. 제가 섬기는 남가주기쁨의교회에서 민영우 집사님을 만나 함께 신앙생활을 한 지 6년째 접어들고 있습니다. 집사님과 대화를 나누다가 알게 된 것은, 직장에서 은퇴하신 후 10년이 넘도록 성경 내용을 연대별로 정리하고 관련 자료를 수집하는 일에 매진하셨다는 사실입니다. 존경심과 경탄이 절로 나올 수밖에 없었습니다.

그때 제가 받은 신선한 충격은, '설교자이며 목회자인 내가 할 일을 집사님께서 대신 하셨구나' 하는 생각이었습니다. 그래서 한편으로는 부끄러운 마음과 함께 이 추천사를 쓸 자격이 있을까 하는 의구심이 들기도 합니다.

민영우 집사님의 오랜 기도와 노력으로 말미암아 평신도의 시각에서 본 성경에 관한 이해가 이 저서에 잘 표현되어 있다고 생각합니다. 어쩌면 이 작업은 다른 누구를 위한 것이기 전에, 집사님의 신앙 성장을 위하여 큰 도움이 되었을 것입니다.

하나님의 말씀을 이렇게 역사적으로 정리하고 관련자료를 통하여 분석해 봄으로써, 하나님께서 어떻게 인류의 역사를 주관하셨는지를 더 이해하셨을 것입니다. 그리고 그 모든 역사를 주관하시는 과정에 바로 오늘 우리를 위한 하나님의 구원이 성취되었다는 사실을 재확인할 수 있었을 것입니다.

독생자 예수 그리스도를 통한 구원, 보혜사 성령을 통한 도우심과 인도하심을 이 귀한 작업을 통하여 다시 느끼게 되었을 것입니다. 저는 개인적으로 제가 했어야 할 작업을 집사님께서 대신 해주신 더분에 설교와 제자양육을 비롯한 목회사역에 아주 큰 도움을 받게 되니 참으로 감사하고 기쁩니다.

하나님의 말씀은 우리의 발을 비추어 주는 등불이며, 인생길을 안내해 주는 생명의 빛이라는 시인의 고백이 우리 모두의 고백이 되기를 바랍니다.

이 저서는 하나님께 영광이 되며, 모든 독자들에게 은혜로운 유익이 될 줄로 확신합니다. 다시 한 번 민영우 집사님의 노고와 정성과 하나님 말씀을 향한 열정과 사랑에 존경과 박수를 보내며 감사의 인사를 드리는 바입니다.

2018년 8월

이황영 목사

(LA 남가주기쁨의교회 담임)

머리말

나는 농업을 가업으로 하는 평범한 집안 2남 2녀의 막내로 경기도 여주에서 태어났다. 전통적인 유학(유교)을 신봉하는 종갓집으로 3대의 가족이 함께 살았다. 집안에 직계 5대까지 조상의 위패들을 모신 사당이 별채로 있었고, 명절이나 기일에 온 집안이 모여 제사를 올렸다.

어린 시절에는 어머니께서 절에 불공을 드리러 가실 때에 몇 차례 따라가곤 했다. 결혼 후에도 나와 같은 환경에서 성장한 아내와 함께 절에 다녔다. 그때까지 기독교를 접하였던 것은 대학교 1학년 때에 의무적(학점 취득)으로 채플시간에 참석하고, 교양과목으로 기독교 관련 두 과목을 수강한 기억뿐이다.

믿음을 갖게 된 동기는 약 35년 전 해외출장을 마치고 귀국길에 LA 공항 대합실에서 친구를 기다리던 중에 미국인 여성 2명이 다가와 서툰 한국말로 “안녕하세요. 서울에서 오셨어요?”라고 말을 건네며 손에 들고 있던 교회 주보를 주고, 나의 양복 깃에 ‘부활절 배지’를 직접 달아 주면서 이번 주 부활주일에 교회에 나가 꼭 은혜를 받으라는 권유를 하였다.

나는 전혀 예상하지 못했던 이 상황을 접하며 말로 표현할 수 없는 감정들이 가슴속에서 솟아오름을 느꼈다.

그 주일 친구 가족과 함께 한인교회의 부활주일 예배에 참석하였고, 귀국 후 첫 일요일 집 근처에 있는 교회에 아내와 함께 나가 생애 처음으로 예배에 참석하였다.

이것이 나의 삶에 큰 전환점이 되었다. 그들을 통하여 나의 가족이 주님을 영접한 것은 하나님의 은혜였다. 이 믿음 생활의 시작이 친가, 처가를 아울러 1세대가 되게 하였다.

처음의 상당 기간은 아내 및 아이들과의 갈등이 많았고, 또한 믿지 않는 형제들과의 긴장의 연속이었다.

다행히 아주 완고하시던 부모님이 "차남이니 네 뜻대로 하라" 하시며 양보(?)해 주셨다. 그 후 부모님을 고향에서 모셔와 돌아가시기 전 약 7년 동안을 함께 할 때 어머니는 주님을 영접하시고 89세에 소천하셨다.

10년 전 첫 직장에서 36년 이상을 근무하고 퇴직하면서 지금까지 살아온 지난날을 뒤돌아보니 나의 삶은 나 자신의 능력이나 생각에 의해서가 아니고, 하나님께서 인도하시고 값없이 주신 사랑과 은혜로 된 것임을 깨닫게 되었다. 앞으로의 남은 삶은 하나님께 항상 감사하며 빚진 자로서 살고자 한다.

첫째는 하나님과 친해지며 하나님을 더욱 알아가는 삶으로, 둘째는 내가 그동안 받은 은혜를 어렵고 불쌍한 이웃과 사회에 되돌려 주는 실천의 삶으로 살리라 다짐하였다.

이로써 10년간의 대부분 시간을 성경과 성경 관련 서적과 자료 등을 찾아 읽고 쓰고 묵상하며, 그에 대한 자료들을 모으고 요약하며 씨름하며 보냈다. 이 모든 과정이 성령 하나님의 인도하심으로 성취되었다고 생각한다.

지금까지 정규적인 신학교육을 전혀 받아본 적이 없는, 매우 부족하고 내세울 것 없는 그리스도인으로서 내가 만든 자료들을 책으로 발간한다는 것이 쑥스럽기도 하고 부끄럽기도 하여 몇 번이나 망설였으나, 그동안 지극 정성으로 확보한 자료들을 그냥 없애 버리는 것은 아니다 싶어 용기를 내어 발간하고자 마음먹었다.

이 책이 하나님을 믿는 모든 분들의 신앙생활에 조금이라도 도움이 되었으면 한다. 또한 이 책의 내용이나 연결됨이 미흡할 것 같아 염려되나 하나님의 마음으로 감싸주기를 원한다.

그동안 저의 건강을 지켜주시고, 저에게 열심과 인내심을 갖게 하시고, 지혜를 더해 주시고, 저를 인도해 주신 에벤에셀의 하나님께 감사와 찬양과 영광을 드린다.

또한 발간에 앞서 모든 자료 및 내용에 대하여 귀한 조언과 감수를 해주신 정재철 대치동교회 원로목사님과 김원태 수지기쁨의교회 담임목사님 그리고 LA사우스베이에 소재한 남가주기쁨의 교회 이황영 담임목사님께 감사를 드린다.

그리고 지금까지 조언해 주시고 책이 발간되도록 수고하신 쿰란출판사 이형규 장로님과 오완 편집부장님께 심심한 사의를 표하는 바이다.

2018년 여름

민영우

차례

제2장

예수님의 구원 사역 _ 45

제3장

예수님의 제자 및 사도들의 사역 _ 107

제4장

그리스도인의 삶(믿음) _ 157

제5장

신약의 주요 지명과 용어 _ 191

제6장

신·구약 중간기의 문헌 _ 215

제7장

신약 후기 _ 225

부록

성경의 중요 어휘 _ 247

참고문헌 _ 327

배경

신약 시대의 무대

1. 신약 시대의 세계
2. 신약 시대의 팔레스타인
3. 예루살렘 성(Jerusalem)

1

신약 시대의 세계

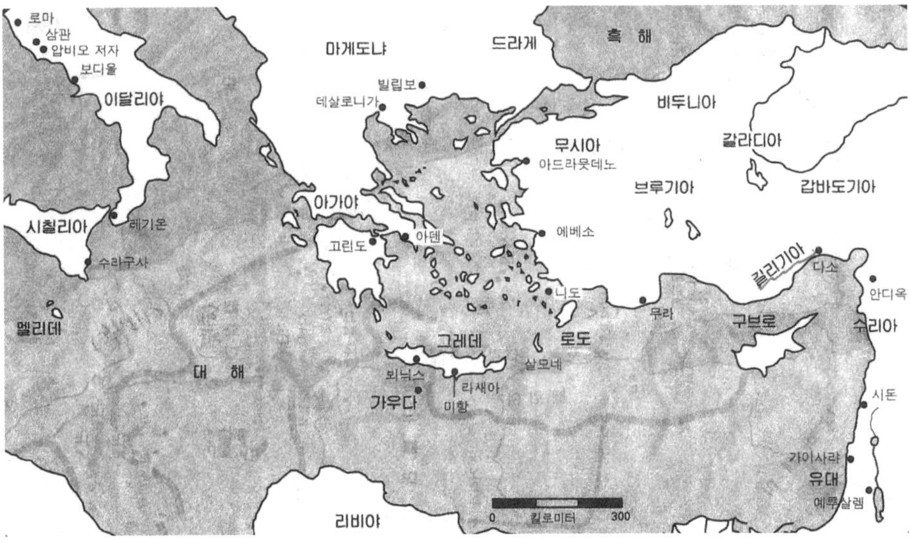
로마
삼관
압비오 저자
보디올
이달리아
마게도냐
드라게
흑 해
빌립보
데살로니가
비두니아
무시아
갈라디아
아드라뭇데노
브루기아
갑바도기아
아가야
시칠리아
레기온
고린도
아덴
에베소
수라구사
길리기아
다소
안디옥
니도
무라
멜리데
구브로
수리아
그레데
로도
대 해
뵈닉스
라새아
살모네
가우다
미항
시돈
가이사랴
유대
예루살렘
리비아
0
킬로미터
300

2

신약 시대의 팔레스타인

3

예루살렘 성(Jerusalem)

1) 성경의 기록

- 아브라함이 아들 이삭을 바친 모리아 산(창 22:2)
- 다윗이 범죄하여 여부스 사람 아라우나의 타작마당에 제단

예루살렘 옛 성 성전 산

을 쌓고 여호와께 번제와 화목제를 드려 백성에게 내리는 재앙을 그치게 한 곳(삼하 24:10-25)

- 솔로몬의 성전 터(대하 3:1)
- 예수님 시대, 헤롯 대왕이 성전을 건축한 장소
- 예수님이 우리의 죄를 위한 희생양으로 십자가에서 돌아가신 곳

2) 현재의 예루살렘

예루살렘은 기독교 구역, 유대교 구역, 이슬람교 구역, 아르메니아 구역, 중립 구역 등 다섯 구역으로 나누어져 있음

① 기독교 구역: 성묘교회(골고다 언덕) - 콘스탄티누스 황제가 설립(AD 336년)

② 유대교 구역: 통곡의 벽 - 헤롯 왕 시절에 지어진 제2성전 벽(로마 군의 침략으로 파괴되어 그중 일부만 남음)

③ 이슬람 구역: 바위의 돔(황금 돔) - 우마미야 왕조의 칼리프 아브드 알 말리크가 지은 것

④ 아르메니아 구역: 아르메니아 정교회가 위치한 지역. 세계 최초로 기독교를 선포한 국가.(두 번째 국가 그루지아, 세 번째 국가 로마)

⑤ 중립 구역

예루살렘 옛 성의 유대인 구역

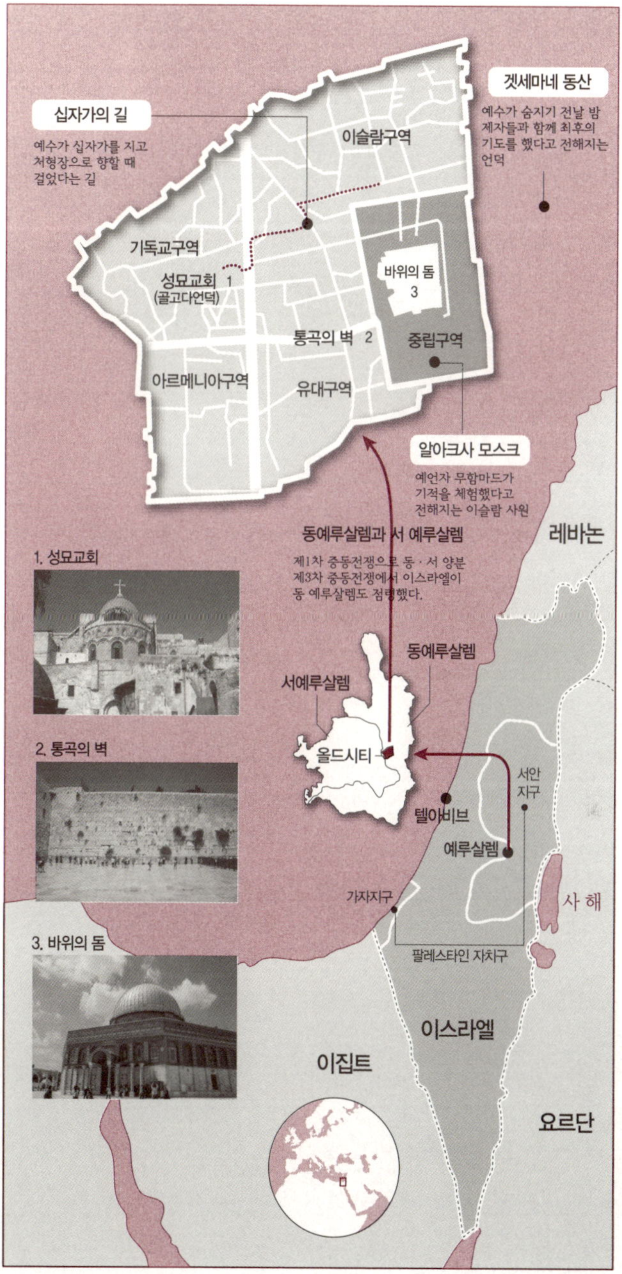
십자가의 길
예수가 십자가를 지고 처형장으로 향할 때 걸었다는 길
겟세마네 동산
예수가 숨지기 전날 밤 제자들과 함께 최후의 기도를 했다고 전해지는 언덕
이슬람구역
기독교구역
성묘교회 1
(골고다언덕)
바위의 돔
3
통곡의 벽 2
중립구역
아르메니아구역
유대구역
알아크사 모스크
예언자 무함마드가 기적을 체험했다고 전해지는 이슬람 사원
동예루살렘과 서 예루살렘
제1차 중동전쟁으로 동·서 양분
제3차 중동전쟁에서 이스라엘이 동 예루살렘도 점령했다.
레바논
1. 성묘교회
동예루살렘
서예루살렘
올드시티
2. 통곡의 벽
서안
지구
텔아비브
예루살렘
사 해
가자지구
팔레스타인 자치구
3. 바위의 돔
이스라엘
이집트
요르단

제1장

예수님은 누구신가

1. 이 땅에 오신 예수님에 대한 기대
2. 성부, 성자, 성령 하나님의 삼위일체(Trinity) 교리
3. 성부 하나님과 성자 하나님의 관계
4. 예수님을 믿어야 하는 증언(5가지)
5. 예수님 자신의 인격과 사역 비유(7가지)
6. 대제사장이신 예수 그리스도
7. 임마누엘(Immanuel)
8. 성령 하나님의 역사
9. 성령 하나님의 별칭

이 땅에 오신 예수님에 대한 기대

1) 이스라엘 민족(유대인)

로마 제국의 속박 아래에 있던 이스라엘을 해방시키고 다윗 왕조를 재건할 정치적인 이스라엘의 왕으로 기대

2) 예수 그리스도의 사역

이스라엘과 전 인류를 사탄과 죄의 속박에서 구원하시기 위하여, 영적 왕이요 구속자로 이 땅에 오심

2

성부, 성자, 성령 하나님의 삼위일체(Trinity) 교리

성부, 성자, 성령 하나님의 인격과 신성을 구별함으로써 삼위일체 교리를 뒷받침해 준다.

1) 성부 하나님은 창조주시요 역사의 마지막 심판주로 계시며, 우리의 삶과 관련하여 기도를 들으시는 분이다.
2) 성자 하나님은 이 땅에 사람의 몸을 입고 오셨고, 자신의 몸을 드려 구속주가 되신 분이다.
3) 성령 하나님은 성자 예수님의 십자가 죽음을 모든 인류에게 유표하게 하신 분이다.
   즉, 사람들에게 믿음과 은사를 주시며, 실패로부터 회복시키고 그리스도인으로 만드시는 분이다.
4) 따라서 믿는 자들은 성자 하나님이신 예수 그리스도의 십자가 은혜를 통하여 성부 하나님의 사랑을 경험하게 되며 성령 하나님과 교제를 갖게 된다.

3

성부 하나님과 성자 하나님의 관계

1) 아버지 하나님은 영이시다.

"하나님은 영이시니 예배하는 자가 영과 진리로 예배할지니라"(요 4:24).

2) 어떠한 사람도 그분을 볼 수 없다.

"영원하신 왕 곧 썩지 아니하고 보이지 아니하고 홀로 하나이신 하나님께 존귀와 영광이 영원무궁하도록 있을지어다"(딤전 1:17).

3) 아들 예수님이 아버지를 최종적으로 완전하게 계시하시는 분이다.

"본래 하나님을 본 사람이 없으되 아버지 품속에 있는 독생하신 하나님이 나타내셨느니라"(요 1:18).

4) 성부 하나님과 성자 하나님은 인격적으로는 구별되지만 본질에 있어서는 동일한 분이시다.

"내가 아버지 안에 거하고 아버지는 내 안에 계신 것을 네가 믿지 아니하느냐 내가 너희에게 이르는 말은 스스로 하는 것이 아니라 아버지께서 내 안에 계셔서 그의 일을 하시는 것이라"(요 14:10).

예수님을 믿어야 하는 증언(5가지)

1) 아버지 하나님

"나를 위하여 증언하시는 이가 따로 있으니 나를 위하여 증언하시는 그 증언이 참인 줄 아노라"(요 5:32).

"또한 나를 보내신 아버지께서 친히 나를 위하여 증언하셨느니라 너희는 아무 때에도 그 음성을 듣지 못하였고 그 형상을 보지 못하였으며"(요 5:37).

2) 세례 요한

"너희가 요한에게 사람을 보내매 요한이 진리에 대하여 증언하였느니라"(요 5:33).

3) 예수님이 하시는 말씀

"내게는 요한의 증거보다 더 큰 증거가 있으니 아버지께서 내게 주사 이루게 하시는 역사 곧 내가 하는 그 역사가 아버지께서 나를 보내신 것을 나를 위하여 증언하는 것이요"(요 5:36).

4) 성경

"너희가 성경에서 영생을 얻는 줄 생각하고 성경을 연구하거니와 이 성경이 곧 내게 대하여 증언하는 것이니라"(요 5:39).

5) 모세

"모세를 믿었더라면 또 나를 믿었으리니 이는 그가 내게 대하여 기록하였음이라"(요 5:46).

예수님 자신의 인격과 사역 비유(7가지)

1) 생명의 떡(the bread of life)

"예수께서 이르시되 나는 생명의 떡이니 내게 오는 자는 결코 주리지 아니할 터이요 나를 믿는 자는 영원히 목마르지 아니하리라"(요 6:35).

2) 세상의 빛(the light of the world)

"예수께서 또 말씀하여 이르시되 나는 세상의 빛이니 나를 따르는 자는 어둠에 다니지 아니하고 생명의 빛을 얻으리라"(요 8:12).

3) 문(gate)

"내가 문이니 누구든지 나로 말미암아 들어가면 구원을 받고 또는 들어가며 나오며 꼴을 얻으리라"(요 10:9).

4) 선한 목자(good shepherd)

"나는 선한 목자라 선한 목자는 양들을 위하여 목숨을 버리거니와…나는 선한 목자라 나는 내 양을 알고 양도 나를 아는 것이 아버지께서 나를 아시고 내가 아버지를 아는 것 같으니"(요 10:11,14-15).

5) 부활과 생명(the resurrection and the life)

"예수께서 이르시되 나는 부활이요 생명이니 나를 믿는 자는 죽어도 살겠고 무릇 살아서 나를 믿는 자는 영원히 죽지 아니하리니 이것을 네가 믿느냐"(요 11:25-26).

6) 길과 진리와 생명(the way and the truth and the life)

"예수께서 이르시되 내가 곧 길이요 진리요 생명이니 나로 말미암지 않고는 아버지께로 올 자가 없느니라"(요 14:6).

7) 참 포도나무(the true vine)

"나는 참 포도나무요 내 아버지는 농부라 무릇 내게 붙어 있어 열매를 맺지 아니하는 가지는 아버지께서 그것을 제거해 버리시고 무릇 열매를 맺는 가지는 더 열매를 맺게 하려 하여 그것을 깨끗하게 하시느니라"(요 15:1-2).

6

대제사장이신 예수 그리스도

1) 백성의 죄를 속량하신 대제사장

"그러므로 그가 범사에 형제들과 같이 되심이 마땅하도다 이는 하나님의 일에 자비하고 신실한 대제사장이 되어 백성의 죄를 속량하려 하심이라"(히 2:17).

2) 믿는 도리의 사도이신 대제사장

"그러므로 함께 하늘의 부르심을 받은 거룩한 형제들아 우리가 믿는 도리의 사도이시며 대제사장이신 예수를 깊이 생각하라"(히 3:1).

3) 부활 승천하신 대제사장

"그러므로 우리에게 큰 대제사장이 계시니 승천하신 이 곧 하나님의 아들 예수시라"(히 4:14).

4) 멜기세덱의 반차를 따르신 대제사장

"또한 이와 같이 다른 데서 말씀하시되 네가 영원히 멜기세덱의 반차를 따르는 제사장이라 하셨으니"(히 5:6).

5) 하나님께 칭함을 받으신 대제사장

"하나님께 멜기세덱의 반차를 따른 대제사장이라 칭하심을 받으셨느니라"(히 5:10).

7

임마누엘(Immanuel)

1) 선지자를 통하여 예언된 임마누엘

"보라 처녀가 잉태하여 아들을 낳을 것이요 그 이름을 임마누엘이라 하리라"(사 7:14).

2) 하나님께서 우리와 함께 하시는 임마누엘

"보라 처녀가 잉태하여 아들을 낳을 것이요 그의 이름은 임마누엘이라 하리라 하셨으니 이를 번역한즉 하나님이 우리와 함께 계시다 함이라"(마 1:23).

3) 우리 가운데 거하시는 임마누엘

"말씀이 육신이 되어 우리 가운데 거하시매 우리가 그의 영광을 보니 아버지의 독생자의 영광이요 은혜와 진리가 충만 하더라"(요 1:14).

4) 세상 끝날까지 함께 하시는 임마누엘

"내가 너희에게 분부한 모든 것을 가르쳐 지키게 하라 볼지어다 내가 세상 끝날까지 너희와 항상 함께 있으리라 하시니라"(마 28:20).

8
성령 하나님의 역사

1) 우리에게 믿음을 주신다.

"영접하는 자 곧 그 이름을 믿는 자들에게는 하나님의 자녀가 되는 권세를 주셨으니"(요 1:12).

2) 우리를 거듭나게 하신다.

"사람이 물과 성령으로 나지 아니하면 하나님의 나라에 들어갈 수 없느니라"(요 3:5).

3) 우리에게 그리스도의 이름으로 기도하게 하신다.

"성령도 우리의 연약함을 도우시나니 우리는 마땅히 기도할 바를 알지 못하나 오직 성령이 말할 수 없는 탄식으로 우리를 위하여 친히 간구하시느니라"(롬 8:26).

4) 그리스도인에게 예배는 성령 하나님을 만나는 시간이다. 성령 충만은 성령님의 인도를 받는 삶이다.

"만일 우리가 성령으로 살면 또한 성령으로 행할지니"(갈 5:25).

5) 성령의 9가지 열매를 맺게 하신다.

사랑, 희락, 화평, 오래 참음, 자비, 양선, 충성, 온유, 절제(갈 5:22-23).

6) 보혜사 진리의 성령이 나를 증언하신다.

"내가 아버지께로부터 너희에게 보낼 보혜사 곧 아버지께로부터 나오시는 진리의 성령이 오실 때에 그가 나를 증언하실 것이요"(요 15:26).

7) 진리가 너희를 자유케 하신다

"그러나 진리의 성령이 오시면 그가 너희를 모든 진리 가운데로 인도하시리니 그가 스스로 말하지 않고 오직 들은 것을 말하며 장래 일을 너희에게 알리시리라"(요 16:13).

8) 하나님께서 은혜를 주신 것을 알게 하신다.

"우리가 세상의 영을 받지 아니하고 오직 하나님으로부터 온 영을 받았으니 이는 우리로 하여금 하나님께서 우리에게 은혜로 주신 것들을 알게 하려 하심이라"(고전 2:12).

9) 예수님을 주라 시인하게 하신다.

"내가 너희에게 알리노니 하나님의 영으로 말하는 자는 누구든지 예수를 저주할 자라 하지 아니하고 또 성령으로 아니하고는 누구든지 예수를 주시라 할 수 없느니라"(고전 12:3).

10) 땅끝까지 내 증인이 되라 하신다.

"오직 성령이 너희에게 임하시면 너희가 권능을 받고 예루살렘과 온 유대와 사마리아와 땅 끝까지 이르러 내 증인이 되리라 하시니라"(행 1:8).

11) 성령 하나님이 하나 되게 하신다.

"평안의 매는 줄로 성령이 하나 되게 하신 것을 힘써 지키라" (엡 4:3).

9

성령 하나님의 별칭

1) 하나님의 영(the spirit of God)

"그러나 내 뜻에는 그냥 지내는 것이 더욱 복이 있으리로다 나도 또한 하나님의 영을 받은 줄로 생각하노라"(고전 7:40).

2) 여호와의 영(the Spirit of the Lord)

"그의 위에 여호와의 영 곧 지혜와 총명의 영이요 모략과 재능의 영이요 지식과 여호와를 경외하는 영이 강림하시리니"(사 11:2).

3) 그리스도의 영(the Spirit of the Christ)

"만일 너희 속에 하나님의 영이 거하시면 너희가 육신에 있지 아니하고 영에 있나니 누구든지 그리스도의 영이 없으면 그리스도의 사람이 아니라"(롬 8:9).

"자기 속에 계신 그리스도의 영이 그 받으실 고난과 후에 받으실 영광을 미리 증언하여 누구를 또는 어떠한 때를 지시하시는지 상고하니라"(벧전 1:11).

4) 진리의 영(the Spirit of truth)

"그는 진리의 영이라 세상은 능히 그를 받지 못하나니 이는 그를 보지도 못하고 알지도 못함이라 그러나 너희는 그를 아나니 그는 너희와 함께 거하심이요 또 너희 속에 계시겠음이라"(요 14:17).

5) 은혜의 성령(the Spirit of grace)

"하물며 하나님의 아들을 짓밟고 자기를 거룩하게 한 언약의 피를 부정한 것으로 여기고 은혜의 성령을 욕되게 하는 자가 당연히 받을 형벌은 얼마나 더 무겁겠느냐 너희는 생각하라"(히 10:29).

6) 보혜사(Counselor)

"내가 아버지께 구하겠으니 그가 또 다른 보혜사를 너희에게 주사 영원토록 너희와 함께 있게 하리니"(요 14:16).

7) 하나님의 씨(God's Seed)

"하나님께로부터 난 자마다 죄를 짓지 아니하나니 이는 하나님의 씨가 그의 속에 거함이요 그도 범죄하지 못하는 것은 하나님께로부터 났음이라"(요1 3:9).

제2장

예수님의 구원 사역

신약성경의 역사(시대):
BC 4 - AD 100(약 100년)

로마 황제			유대 총독		유대 왕		신약의 역사	
대수	황제 명	연수	대수	총독 명	왕 명	연수	내용	연도
초대	옥타비아누스 Otavianus (일명: 아우구스투스)	BC 27 - AD 14 (41년)			헤롯 대왕 (Herod Great, 헤롯 1세)	BC 37 - AD 4 (33년)	팔레스타인 전 지역 통치 • 예수 탄생 시 유대 통치 • 아들 4명 헤롯 안티파스, 헤롯 아켈라오 헤롯 빌립 1세(공직에 없었음, 아내 헤로디아를 이복형 안티파스에게 빼앗김), 헤롯 빌립 2세 (BC 4-AD 34, 이두매 분봉왕, 눅 3:1)	

로마 황제			유대 총독		유대 왕		신약의 역사	
대수	황제 명	연수	대수	총독 명	왕 명	연수	내용	연도
초대	옥타비아누스						• 헤롯 대왕이 로마 제국을 위해 가이사랴 도시 건설, 팔레스타인 지역의 수도	
							• 헤롯 대왕이 유대인들을 위해 예루살렘 성전 확장 공사(약 50년 소요)	
							• 병력은 가이사랴에 주둔(예루살렘에는 약간의 수비대)	
							• 총독의 집무실도 가이사랴	
							• 병력은 로마 시민이 아닌 사마리아 지역과 가이사랴 지역에서 징집	
							• 총독이 죄수의 사형 선고 확정권 있음	
							• 세례 요한의 탄생	BC 5
							• 유대 베들레헴에서 예수 탄생(마 2:1)	BC 4
							• 헤롯 대왕의 유아 학살(마 2:16)	BC 4
							헤롯 대왕의 죽음(마 2:19)	

로마 황제			유대 총독		유대 왕		신약의 역사	
대수	황제 명	연수	대수	총독 명	왕 명	연수	내용	연도
초대	옥타비아누스				헤롯 아켈라오	BC 4-AD 6 (10년)	• 유대 분봉왕에 즉위(마 2:22) 헤롯 안티파스의 동생 (관할 지역: 유대, 사마리아, 이두매)	BC 4
							• 요셉과 마리아가 애굽에서 유대로 돌아왔을 때에 유대 왕	
							• 그의 억압 통치 기인 예수께서 고향 베들레헴에서 갈릴리 나사렛으로 이사(마 2:23)	
							• 황제가 헤롯 아켈라오 파면(사유: 유대인들의 불평 기인)	AD 6
			초대	코포니우스 Coponius AD 6-9 (3년)			• 초대 총독 코포니우스 부임 (유대, 사마리아, 이두매: 총독이 직접 통치)	AD 6
							• 로마 제국, 유대의 산헤드린 공회를 최고 대표기구로 인정	
							• 유아 예수의 예루살렘 방문(눅 2:43)	AD 8
					헤롯 안티파스	BC 4 - AD 39 (43년)	(관할 지역: 갈릴리 분봉왕, 유대 분봉왕 겸임)	AD 6

로마 황제			유대 총독		유대 왕		신약의 역사	
대수	황제 명	연수	대수	총독 명	왕 명	연수	내용	연도
2대	티베리우스 (Tiberius)	AD 15-37 (22년)	2대	발레리우스 그라투스 Valerius Gratus	헤롯 안티파스		• 발레리우스 그라투스 총독 부임	AD 15
							• 세례 요한 사역 시작(막 1:4)	AD 26
							• 예수의 공생애 사역 시작 (막 1:14)	AD 27
							• 갈릴리 가나의 혼례, 첫 이적 (요 2:1-11)	AD 27
							• 백부장의 하인을 고치시다 (마 8:5-13)	
							• 사마리아 여자와 말씀하시다 (요 4:5-26)	
			3대	본디오 빌라도 Pontius Pilate AD 28-36 (8년)			• 본디오 빌라도 총독 부임	AD 28
							• 예수께서 12제자를 세우시다 (막 3:13-19)	
							• 세례 요한의 죽음(마 14:11)	
							• 고향에서 배척을 받으시다 (막 6:3-4)	
							• 영광스런 모습으로 변형되시다 (마 17:1-5)	AD 29
							• 5천 명을 먹이시다(요 6:1-14)	
							• 바다 위로 걸어오시다 (요 6:16-21)	

로마 황제			유대 총독		유대 왕		신약의 역사	
대수	황제 명	연수	대수	총독 명	왕 명	연수	내용	연도
2대	티베리우스		3대	본디오 빌라도	헤롯 안티파스		• 날 때부터 맹인된 사람을 고치시다(요 9:1-11) • 양의 우리 비유 (요 10:1-6) • 죽은 나사로를 살리시다 (요 11:1-14) • 예수의 발에 향유를 붓다 (요 12:1-8) • 예루살렘에 들어가시다 (마 21:1-11) • 마지막 만찬 (막 14:22-25) • 제자들의 발을 씻기시다 (요 13:1-15) • 빌라도 총독이 예수께 묻다 (눅 23:1-6) • 헤롯 안티파스가 예수를 심문하다 (눅 23:8-12) • 영혼이 떠나가시다 (요 19:28-30) • 살아나시다 (마 28:1-10) • 11제자에게 나타나시다 (눅 24:36-44)	AD 30

로마 황제			유대 총독		유대 왕		신약의 역사	
대수	황제 명	연수	대수	총독 명	왕 명	연수	내용	연도
2대	티베리우스		3대	본디오 빌라도	헤롯 안티파스		• 하늘로 올려지시다(눅 24:50-51)	
							• 오순절의 성령 강림(행 2:1-4)	
							• 스데반의 순교(행 7:60)	
							• 사울이 회개하다(행 9:1-18)	AD 34
							• 사울이 다메섹에서 전도를 시작하다(행 9:19-22)	AD 35
4대	클라우디우스 Claudius	AD 41-54 (13년)			헤롯 아그립바 1세 Herod Agrippa Ⅰ	AD 39-44 (5년)	헤롯 안티파스의 조카	
							(관할 지역: 유대, 사마리아)	
							• 요한의 형제 야고보 순교(행 12:2)	AD 44
							• 사도 베드로 투옥(행 12:3)	
							• 헤롯 아그립바 1세 사망(행 12:23)	AD 45
					유대 왕 부재	AD 45-56 (11년)	유대 총독이 직접 통치	AD 45
							• 로마에 대기근 발생	AD 45
							• 바울의 1차 전도 여행(행 13:1-14)	AD 46-48
							• 바울의 2차 전도 여행(행 15:36-18:23)	AD 49-52

로마 황제			유대 총독		유대 왕		신약의 역사	
대수	황제 명	연수	대수	총독 명	왕 명	연수	내용	연도
4대	클라우디우스		3대	본디오 빌라도			• 데살로니가 전, 후서 기록 • 바울의 3차 전도 여행 (행 18:24-21:16) • 로마서 기록 • 고린도전, 후서 기록	AD 51 AD 53-57
5대	네로 Nero	AD 54-68 (14년)	7대	벨릭스 Felix AD 54-59 (5년)			• 5대 네로 황제 즉위 • 갈라디아서 기록	AD 54
					헤롯 아그립바 2 Herod Agrippa Ⅱ	AD 56-70 (14년)	• 헤롯 아그립바 1세의 장남이자 헤롯 왕가의 마지막 통치자 • 바울 체포 (행 21:27-39) • 천부장 루시아가 바울을 벨릭스 총독 앞에 세우다(행 22:30) • 바울의 4차 전도 여행(로마) (행 27:1-28:15)	AD 56 AD 58 AD 59 AD 59-61
			8대	베스도 Festus AD 59-62 (3년)			• 베스도 총독 부임 (행 25:1) • 바울이 가이사에게 상소하다 (행 25:11) • 바울이 헤롯 아그립바 2세 앞에 서다(행 26:1-23)	AD 59

로마 황제			유대 총독		유대 왕		신약의 역사	
대수	황제 명	연수	대수	총독 명	왕 명	연수	내용	연도
5대	네로 Nero						• 히브리서 기록	AD 60
							• 바울의 로마 투옥(행 28:16)	AD 61
							• 주의 형제 야고보의 순교	AD 62
							• 베스도 총독: 재직 중 급사	AD 62
			9대	알비누스 Albinus AD 62-64 (2년)			• 알비누스 총독 부임	AD 62
							• 야고보서 기록	
							• 에베소서 기록	
							• 빌립보서 기록	
							• 골로새서 기록	
							• 빌레몬서 기록	
							• 사도 바울 석방	AD 63
							• 디모데를 에베소 교회에 머물게 함(딤전 1:3)	
							• 디모데전서 기록	
							• 로마의 대화재 사건	AD 64
							• 네로 황제의 기독교 박해(1차)	
							• 베드로전서 기록	
							• 로마 제국의 기독교 박해 기간: 약 250년간 (AD 64-313)	

로마 황제			유대 총독		유대 왕		신약의 역사	
대수	황제 명	연수	대수	총독 명	왕 명	연수	내용	연도
5대	네로 Nero		10대	플로루스 Florus AD 64-79 (6년)			• 로마 제국의 마지막 유대 총독 • 유대인의 반란 (유대전쟁: AD 66-70) • 디모데후서 기록 • 디도서 기록 • 베드로후서 기록 • 사도 바울 순교 • 사도 베드로 순교	AD 64 AD 66 AD 67 AD 68
6대	베스파시아누스 Vespasia-nus	AD 69-79 (10년)					• 베스파시아누스 황제 즉위 • 예루살렘 함락(로마 티투스 장군에 의함) • 산헤드린 공회 폐지	AD 69 AD 70
7대	티투스 Titus	AD 79-81 (2년)					• 티투스 황제 즉위 • 유다서 기록	AD 79 AD 80
8대	도미티아누스 Domitia-nus	AD 81-96 (15년)					• 도미티아누스 황제의 기독교 박해(2차) • 요한계시록 서신서 기록 • 사도 요한의 밧모 섬 유배 • 요한계시록 기록	AD 81-96 AD 90 AD 95

로마 황제			유대 총독		유대 왕		신약의 역사	
대수	황제 명	연수	대수	총독 명	왕 명	연수	내용	연도
							• 도미티아누스 황제 암살	AD 96
9대	네르바 Nerva	AD 96-98 (2년)					• 요한 사면, 에베소로 귀환 • 요한복음서 기록	AD 96
10대	트리아누스 Trijanus	AD 98-117 (19년)					• 트리야누스 황제 즉위 • 사도 요한 94세에 사망	AD 98 AD 100

사도 요한의 배경 지도 – 소아시아 7교회(현재: 터키) 밧모 섬의 현재 이름 (파트모스, Patmos)

2

예수님의 3대 사역

1) 회당에서 가르치시며

2) 천국 복음을 전파하시며

3) 백성 중의 모든 병을 고치시다.

"예수께서 온 갈릴리에 두루 다니사 그들의 회당에서 가르치시며 천국 복음을 전파하시며 백성 중의 모든 병과 모든 약한 것을 고치시니 그의 소문이 온 수리아에 퍼진지라 사람들이 모든 앓는 자 곧 각종 병에 걸려서 고통당하는 자, 귀신 들린 자, 간질하는 자, 중풍병자들을 데려오니 그들을 고치시더라"(마 4:23-24).

예수님의 인적 사항

구분	성경	내용	지역
출신 지파	마 1:1	유다	
출생지	마 2:1	베들레헴	유대
부모 명	마 1:18	마리아와 요셉	
성장하신 곳	마 2:23	나사렛	갈릴리
직업	막 6:3	목수	
전도를 시작하신 나이	눅 3:23	30세	
돌아가신 곳	요 19:17	예루살렘 (갈보리)	유대
승천하신 곳	눅 24:50	베다니(감람산)	유대
공적 생활 기간		3년	
유대 총독	마 27:2	본디오 빌라도 (3대 총독)	
유대 왕 (분봉왕)	막 6:17	헤롯 아켈라오 (헤롯 안티파스 동생)	

예수 그리스도의 공생애 기간(3년) 행하신 표적들

1) 마태복음

마태복음			
성경 구절	대상	수단	내 용
4:1,10-11	마귀 (devil)	말씀	“그때에 예수께서 성령에게 이끌리어 마귀에게 시험을 받으러 광야로 가사…이에 예수께서 말씀하시되 사탄아 물러가라 기록되었으되 주 너의 하나님께 경배하고 다만 그를 섬기라 하였느니라 이에 마귀는 예수를 떠나고 천사들이 나아와서 수종드니라.”
8:5-6,8,13	중풍병자	말씀	“예수께서 가버나움에 들어가시니 한 백부장이 나아와 간구하여 이르되 주여 내 하인이 중풍병으로 집에 누워 몹시 괴로워하나이다…백부장이 대답하여 이르되 주여 내 집에 들어오심을 나는 감당하지 못하겠사오니 다만 말씀으로만 하옵소서 그러면 내 하인이 낫겠사옵나이다…예수께서 백부장에게 이르시되 가라 네 믿은 대로 될지어다 하시니 그 즉시 하인이 나으니라.”- 예수님께서 유대에서 갈릴리로 오신 후 두 번째 표적이다.

마태복음			
성경 구절	대상	수단	내 용
9:20-22	혈루증 환자	말씀	"열두 해 동안이나 혈루증으로 앓는 여자가 예수의 뒤로 와서 그 겉옷 가를 만지니 이는 제 마음에 그 겉옷만 만져도 구원을 받겠다 함이라 예수께서 돌이켜 그를 보시며 이르시되 딸아 안심하라 네 믿음이 너를 구원하였다 하시니 여자가 그 즉시 구원을 받으니라."
9:27-30	맹인	안수	"예수께서 거기에서 떠나가실새 두 맹인이 따라오며 소리 질러 이르되 다윗의 자손이여 우리를 불쌍히 여기소서 하더니 예수께서 집에 들어가시매 맹인들이 그에게 나아오거늘 예수께서 이르시되 내가 능히 이 일 할 줄을 믿느냐 대답하되 주여 그러하오이다 하니 이에 예수께서 그들의 눈을 만지시며 이르시되 너희 믿음대로 되라 하시니 그 눈들이 밝아진지라."
9:32-33	말 못하는 사람	말씀	"그들이 나갈 때에 귀신 들려 말 못하는 사람을 예수께 데려오니 귀신이 쫓겨나고 말 못하는 사람이 말하거늘 무리가 놀랍게 여겨 이르되 이스라엘 가운데서 이런 일을 본 적이 없다 하되."
9:35	모든 병	말씀	"예수께서 모든 도시와 마을에 두루 다니사 그들의 회당에서 가르치시며 천국 복음을 전파하시며 모든 병과 모든 약한 것을 고치시니라."
14:15-21	오병이어	말씀	"저녁이 되매 제자들이 나아와 이르되 이곳은 빈 들이요 때도 이미 저물었으니 무리를 보내어 마을에 들어가 먹을 것을 사먹게 하소서 예수께서 이르시되 갈 것 없다 너희가 먹을 것을 주라 제자들이 이르되 여기 우리에게 있는 것은 떡 다섯 개와 물고기 두 마리뿐이니이다 이르시되 그것을 내게 가져오라 하시고 무리를 명하여 잔디 위에 앉히시고 떡 다섯 개와 물고기 두 마리를 가지사 하늘을 우러러 축사하시고 떡을 떼어 제자들에게 주시매 제자들이 무리에게 주니 다 배불리 먹고 남은 조각을 열두 바구니에 차게 거두었으며 먹은 사람은 여자와 어린이 외에 오천 명이나 되었더라."

마태복음			
성경 구절	대상	수단	내 용
14:34-36	모든 병든 자	예수님 옷자락	"그들이 건너가 게네사렛 땅에 이르니 그곳 사람들이 예수이신 줄을 알고 그 근방에 두루 통지하여 모든 병든 자를 예수께 데리고 와서 다만 예수의 옷자락에라도 손을 대게 하시기를 간구하니 손을 대는 자는 다 나음을 얻으니라."
15:21-22, 27-28	귀신 들린 자	말씀	"예수께서 거기서 나가사 두로와 시돈 지방으로 들어가시니 가나안 여자 하나가 그 지경에서 나와서 소리 질러 이르되 주 다윗의 자손이여 나를 불쌍히 여기소서 내 딸이 흉악하게 귀신 들렸나이다 하되…여자가 이르되 주여 옳소이다마는 개들도 제 주인의 상에서 떨어지는 부스러기를 먹나이다 하니 이에 예수께서 대답하여 이르시되 여자여 네 믿음이 크도다 네 소원대로 되리라 하시니 그때로부터 그의 딸이 나으니라."
15:29-31	다리 저는 사람, 말못하는 사람, 장애인, 맹인	말씀 안수	"예수께서 거기서 떠나사 갈릴리 호숫가에 이르러 산에 올라가 거기 앉으시니 큰 무리가 다리 저는 사람과 장애인과 맹인과 말 못하는 사람과 기타 여럿을 데리고 와서 예수의 발 앞에 앉히매 고쳐 주시니 말 못하는 사람이 말하고 장애인이 온전하게 되고 다리 저는 사람이 걸으며 맹인이 보는 것을 무리가 보고 놀랍게 여겨 이스라엘의 하나님께 영광을 돌리니라."
15:32, 36-38	칠병이어	말씀	"예수께서 이르시되 너희에게 떡이 몇 개나 있느냐 이르되 일곱 개와 작은 생선 두어 마리가 있나이다 하거늘 예수께서 제자들을 불러 이르시되 내가 무리를 불쌍히 여기노라 그들이 나와 함께 있은 지 이미 사흘이매 먹을 것이 없도다 길에서 기진할까 하여 굶겨 보내지 못하겠노라…떡 일곱 개와 그 생선을 가지사 축사하시고 떼어 제자들에게 주시니 제자들이 무리에게 주매 다 배불리 먹고 남은 조각을 일곱 광주리에 차게 거두었으며 먹은 자는 여자와 어린이 외에 사천 명이었더라."

마태복음			
성경 구절	대상	수단	내 용
17:1-3	변화산 사건	권능	"엿새 후에 예수께서 베드로와 야고보와 그 형제 요한을 데리시고 따로 높은 산에 올라가셨더니 그들 앞에서 변형되사 그 얼굴이 해같이 빛나며 옷이 빛과 같이 희어졌더라 그때에 모세와 엘리야가 예수와 더불어 말하는 것이 그들에게 보이거늘."
17:15,18	간질병자	말씀	"주여 내 아들을 불쌍히 여기소서 그가 간질로 심히 고생하여 자주 불에도 넘어지며 물에도 넘어지는지라…이에 예수께서 꾸짖으시니 귀신이 나가고 아이가 그때부터 나으니라."
17:24,27	물고기	주권	"가버나움에 이르니 반 세겔 받는 자들이 베드로에게 나아와 이르되 너의 선생은 반 세겔을 내지 아니하느냐…그러나 우리가 그들이 실족하지 않게 하기 위하여 네가 바다에 가서 낚시를 던져 먼저 오르는 고기를 가져 입을 열면 돈 한 세겔을 얻을 것이니 가져다가 나와 너를 위하여 주라 하시니라."
21:2	나귀	주권	예수님께서 공생애의 마지막 순간, 유월절을 기해 예루살렘으로 입성하실 때에 두 제자에게 이르시되 "너희는 맞은편 마을로 가라 그리하면 곧 매인 나귀와 나귀 새끼가 함께 있는 것을 보리니 풀어 내게로 끌고 오라" 하시고, 그 나귀 위에 제자들의 겉옷을 얹으매 예수님께서 그 위에 타고 입성하셨다.

2) 마가복음

마가복음			
성경 구절	대상	수단	내 용
1:13	들짐승	주권	"광야에서 사십 일을 계시면서 사탄에게 시험을 받으시며 들짐승과 함께 계시니 천사들이 수종들더라."
2:3-5,11	중풍병자	말씀	"사람들이 한 중풍병자를 네 사람에게 메워 가지고 예수께로 올새 무리들 때문에 예수께 데려갈 수 없으므로 그 계신 곳의 지붕을 뜯어 구멍을 내고 중풍병자가 누운 상을 달아 내리니 예수께서 그들의 믿음을 보시고 중풍병자에게 이르시되 작은 자야 네 죄 사함을 받았느니라 하시니…내가 네게 이르노니 일어나 네 상을 가지고 집으로 가라 하시니."
3:1,5	한쪽 손 마른 사람	말씀	"예수께서 다시 회당에 들어가시니 한쪽 손 마른 사람이 거기 있는지라…그들의 마음이 완악함을 탄식하사 노하심으로 그들을 둘러보시고 그 사람에게 이르시되 네 손을 내밀라 하시니 내밀매 그 손이 회복되었더라."
4:37-39	바람과 바다를 잠재우다	말씀	"큰 광풍이 일어나며 물결이 배에 부딪쳐 들어와 배에 가득하게 되었더라 예수께서는 고물에서 베개를 베고 주무시더니 제자들이 깨우며 이르되 선생님이여 우리가 죽게 된 것을 돌보지 아니하시나이까 하니 예수께서 깨어 바람을 꾸짖으시며 바다더러 이르시되 잠잠하라 고요하라 하시니 바람이 그치고 아주 잔잔하여지더라."
7:32-36	귀 먹고 말 더듬는 자	안수	"사람들이 귀 먹고 말 더듬는 자를 데리고 예수께 나아와 안수하여 주시기를 간구하거늘 예수께서 그 사람을 따로 데리고 무리를 떠나사 손가락을 그의 양 귀에 넣고 침을 뱉어 그의 혀에 손을 대시며 하늘을 우러러 탄식하시며 그에게 이르시되 에바다 하시니 이는 열리라는 뜻이라 그의 귀가 열리고 혀가 맺힌 것이 곧 풀려 말이 분명하여졌더라."

마가복음			
성경 구절	대상	수단	내 용
8:23,25	맹인	안수	"예수께서 맹인의 손을 붙잡으시고 마을 밖으로 데리고 나가사 눈에 침을 뱉으시며 그에게 안수하시고 무엇이 보이느냐 물으시니…이에 그 눈에 다시 안수하시매 그가 주목하여 보더니 나아서 모든 것을 밝히 보는지라."
9:18, 25-26	귀신 들린 아이	말씀	"귀신이 어디서든지 그를 잡으면 거꾸러져 거품을 흘리며 이를 갈며 그리고 파리해지는지라…예수께서 무리가 달려와 모이는 것을 보시고 그 더러운 귀신을 꾸짖어 이르시되 말 못하고 못 듣는 귀신아 내가 네게 명하노니 그 아이에게서 나오고 다시 들어가지 말라 하시매 귀신이 소리 지르며 아이로 심히 경련을 일으키게 하고 나가니."
10:46-47, 51-52	맹인 거지	말씀	"그들이 여리고에 이르렀더니 예수께서 제자들과 허다한 무리와 함께 여리고에서 나가실 때에 디매오의 아들인 맹인 거지 바디매오가 길가에 앉았다가 나사렛 예수시란 말을 듣고 소리 질러 이르되 다윗의 자손 예수여 나를 불쌍히 여기소서 하거늘 예수께서 말씀하여 이르시되 네게 무엇을 하여 주기를 원하느냐 맹인이 이르되 선생님이여 보기를 원하나이다 예수께서 이르시되 가라 네 믿음이 너를 구원하였느니라 하시니 그가 곧 보게 되어 예수를 길에서 따르니라."

3) 누가복음

누가복음			
성경 구절	대상	수단	내 용
4:31, 33, 35	귀신 들린 사람	말씀	"갈릴리의 가버나움 동네에 내려오사 안식일에 가르치시매…회당에 더러운 귀신 들린 사람이 있어 크게 소리 질러 이르되…예수께서 꾸짖어 이르시되 잠잠하고 그 사람에게서 나오라 하시니 귀신이 그 사람을 무리 중에 넘어뜨리고 나오되 그 사람은 상하지 아니한지라."
4:39	열병 환자	말씀	"예수께서 가까이 서서 열병을 꾸짖으신대 병이 떠나고 여자가 곧 일어나 그들에게 수종드니라."
4:40-41	귀신들	안수	"해 질 무렵에 사람들이 온갖 병자들을 데리고 나아오매 예수께서 일일이 그 위에 손을 얹으사 고치시니 여러 사람에게서 귀신들이 나가며 소리 질러 이르되 당신은 하나님의 아들이니이다 예수께서 꾸짖으사 그들이 말함을 허락하지 아니하시니 이는 자기를 그리스도인 줄 앎이러라."
5:4-6, 10-11	물고기	주권	"말씀을 마치시고 시몬에게 이르시되 깊은 데로 가서 그물을 내려 고기를 잡으라 시몬이 대답하여 이르되 선생님 우리들이 밤이 새도록 수고하였으되 잡은 것이 없지마는 말씀에 의지하여 내가 그물을 내리리이다 하고 그렇게 하니 고기를 잡은 것이 심히 많아 그물이 찢어지는지라…세베대의 아들로서 시몬의 동업자인 야고보와 요한도 놀랐음이라 예수께서 시몬에게 이르시되 무서워하지 말라 이제 후로는 네가 사람을 취하리라 하시니 그들이 배들을 육지에 대고 모든 것을 버려 두고 예수를 따르니라."
5:12-13	나병환자	말씀	"예수께서 한 동네에 계실 때에 온 몸에 나병 들린 사람이 있어 예수를 보고 엎드려 구하여 이르되 주여 원하시면 나를 깨끗하게 하실 수 있나이다 하니 예수께서 손을 내밀어 그에게 대시며 이르시되 내가 원하노니 깨끗함을 받으라 하신대 나병이 곧 떠나니라."

누가복음			
성경 구절	대상	수단	내 용
7:11-15	죽은 자	말씀	"그 후에 예수께서 나인이란 성으로 가실새 제자와 많은 무리가 동행하더니 성문에 가까이 이르실 때에 사람들이 한 죽은 자를 메고 나오니 이는 한 어머니의 독자요 그의 어머니는 과부라 그 성의 많은 사람도 그와 함께 나오거늘 주께서 과부를 보시고 불쌍히 여기사 울지 말라 하시고 가까이 가서 그 관에 손을 대시니 멘 자들이 서는지라 예수께서 이르시되 청년아 내가 네게 말하노니 일어나라 하시매 죽었던 자가 일어나 앉고 말도 하거늘 예수께서 그를 어머니에게 주시니."
8:27,33	귀신 들린 사람	말씀	"예수께서 육지에 내리시매 그 도시 사람으로서 귀신 들린 자 하나가 예수를 만나니 그 사람은 오래 옷을 입지 아니하며 집에 거하지도 아니하고 무덤 사이에 거하는 자라…귀신들이 그 사람에게서 나와 돼지에게로 들어가니 그 떼가 비탈로 내리달아 호수에 들어가 몰사하거늘."
14:2,4	수종병자	안수	"주의 앞에 수종병 든 한 사람이 있는지라…예수께서 그 사람을 데려다가 고쳐 보내시고."
17:12,14, 15, 19	나병환자	말씀	"한 마을에 들어가시니 나병환자 열 명이 예수를 만나 멀리 서서…보시고 이르시되 가서 제사장들에게 너희 몸을 보이라 하셨더니 그들이 가다가 깨끗함을 받은지라…그중의 한 사람이 자기가 나은 것을 보고 큰 소리로 하나님께 영광을 돌리며 돌아와…그에게 이르시되 일어나 가라 네 믿음이 너를 구원하였느니라 하시더라."
22:34, 61-62	닭	주권	"이르시되 베드로야 내가 네게 말하노니 오늘 닭 울기 전에 네가 세 번 나를 모른다고 부인하리라 하시니라…주께서 돌이켜 베드로를 보시니 베드로가 주의 말씀 곧 오늘 닭 울기 전에 네가 세 번 나를 부인하리라 하심이 생각나서 밖에 나가서 심히 통곡하니라."

4) 요한복음

요한복음			
성경 구절	대상	수단	내 용
2:1-3,7,9	물로 포도주를 만들다	말씀	"갈릴리 가나에 혼례가 있어 예수의 어머니도 거기 계시고 예수와 그 제자들도 혼례에 청함을 받았더니 포도주가 떨어진지라…예수께서 그들에게 이르시되 항아리에 물을 채우라 하신즉 아귀까지 채우니…연회장은 물로 된 포도주를 맛보고도 어디서 났는지 알지 못하되 물 떠온 하인들은 알더라."- 갈릴리로 오신 후 첫 번째 표적이다.
5:2,5,8-9	38년 된 병자	말씀	"예루살렘에 있는 양문 곁에 히브리 말로 베데스다라 하는 못이 있는데…거기 서른여덟 해 된 병자가 있더라…예수께서 이르시되 일어나 네 자리를 들고 걸어가라 하시니 그 사람이 곧 나아서 자리를 들고 걸어가니라."
6:18-20	바다 위를 걸으시다	권능	"큰 바람이 불어 파도가 일어나더라 제자들이 노를 저어 십여 리쯤 가다가 예수께서 바다 위로 걸어 배에 가까이 오심을 보고 두려워하거늘 이르시되 내니 두려워하지 말라 하신대."
9:1,5-7	맹인	안수	"예수께서 길을 가실 때에 날 때부터 맹인 된 사람을 보신지라…내가 세상에 있는 동안에는 세상의 빛이로라 이 말씀을 하시고 땅에 침을 뱉어 진흙을 이겨 그의 눈에 바르시고 이르시되 실로암 못에 가서 씻으라 하시니 (실로암은 번역하면 보냄을 받았다는 뜻이라) 이에 가서 씻고 밝은 눈으로 왔더라."
11:39, 43-44	죽은 자	말씀	"예수께서 이르시되 돌을 옮겨 놓으라 하시니 그 죽은 자의 누이 마르다가 이르되 주여 죽은 지가 나흘이 되었으매 벌써 냄새가 나나이다…큰 소리로 나사로야 나오라 부르시니 죽은 자가 수족을 베로 동인 채로 나오는데 그 얼굴은 수건에 싸였더라 예수께서 이르시되 풀어 놓아 다니게 하라 하시니라."

요한복음			
성경 구절	대상	수단	내 용
21:1, 2-3, 5-6,13	물고기	주권	"그 후에 예수께서 디베랴 호수에서 또 제자들에게 자기를 나타내셨으니…시몬 베드로와 디두모라 하는 도마와 갈릴리 가나 사람 나다나엘과 세베대의 아들들과 또 다른 제자 둘이 함께 있더니 시몬 베드로가 나는 물고기 잡으러 가노라 하니 그들이 우리도 함께 가겠다 하고 나가서 배에 올랐으나 그날 밤에 아무 것도 잡지 못하였더니…예수께서 이르시되 얘들아 너희에게 고기가 있느냐 대답하되 없나이다 이르시되 그물을 배 오른편에 던지라 그리하면 잡으리라 하시니 이에 던졌더니 물고기가 많아 그물을 들 수 없더라…예수께서 가셔서 떡을 가져다가 그들에게 주시고 생선도 그와 같이 하시니라."

예수님 생애의 마지막 주간 사역과 십자가 지심

*** 마지막 주간의 일 요약**

월요일: 성전 숙청, 무화과나무 저주

(막 11:12-25; 마 21:12-20)

화요일: 교권자와의 충돌, 종말적 예언

(막 11:27-13:36; 마 21:20-25:46)

수요일: 휴식과 기름 부음 받으심, 유다의 반역

(막 14:1-11; 마 26:1-16)

목요일: 최후의 만찬(막 14:12-31; 마 26:17-46)

금요일: 겟세마네에서 십자가까지

(막 14:32-15:41; 마 26:47-27:61)

토요일: 무덤에 계심

(막 15:42-47; 마 27:62-66)

주일: 부활하심

(막 16:1-18; 마 28:1-15)

1) 월요일

① 아침

▶ 말씀

예수님 일행은 베다니를 떠나 예루살렘 성전으로 향했고, 예루살렘과 성전은 유월을 맞아 붐비고 있었다.

"이른 아침에 성으로 들어오실 때에 시장하신지라 길가에서 한 무화과나무를 보시고 그리로 가사 잎사귀 밖에 아무 것도 찾지 못하시고 나무에게 이르시되 이제부터 영원토록 네가 열매를 맺지 못하리라 하시니 무화과나무가 곧 마른지라 제자들이 보고 이상히 여겨 이르되 무화과나무가 어찌하여 곧 말랐나이까"(마 21:18-20).

▶ 교훈

잎만 무성한 무화과나무는 당시의 이스라엘 백성들을 상징하는 것으로, 구약의 율법 종교는 저주받은 무화과나무같이 하나님의 심판을 받아 그 생명력을 상실했음을 보여준다.

② 오후

▶ 말씀

"그들이 예루살렘에 들어가니라 예수께서 성전에 들어가사 성전 안에서 매매하는 자들을 내쫓으시며 돈 바꾸는 자들의 상과 비둘기 파는 자들의 의자를 둘러 엎으시며 아무나 물건을 가지고 성전 안으로 지나다님을 허락하지 아니하시고 이에 가르쳐 이르시되 기록된바 내 집은 만민이 기도하는 집이라 칭함을 받으리라고 하지 아니하였느냐 너희는 강도의 소굴을 만들었도다 하시매"(막 11:15-17).

▶ **교훈**

당시 교권자들은 하나님을 예배하는 본연의 임무를 저버리고, 자신들의 이권을 위해 환전상과 제물상들을 앞세워, 하나님을 예배하러 온 선량한 백성들을 교권적 권위로 착취하고 있었다. 예수님께서는 이를 책망하시고 성전을 하나님을 예배하는 신성한 곳, 기도의 처소임을 일깨워 주신 것이다

이 일로 인하여 그중에 유대 사람들이 예수님께 "네가 이런 일을 행하니 무슨 표적을 우리에게 보이겠느냐"(요 2:18)라고 하자 예수님께서는 "너희가 이 성전을 헐라 내가 사흘 동안에 일으키리라"(요 2:19)라고 대답하셨다. 이는 예수님의 육체적 죽음과 사흘 후에 다시 부활하실 성전 된 자신을 가리키신 것이지만 질문한 사람들은 그 뜻을 몰랐다.

2) 화요일

① 오전

세상을 떠나시기 3일 전, 이 세상에 머무르는 동안 가장 많은 교훈을 남겨 주신 날이다. 아침에 일행은 성전 뜰 안을 거닐고 있었다.

▶ 말씀

"예수께서 성전에 들어가 가르치실새 대제사장들과 백성의 장로들이 나아와 이르되 네가 무슨 권위로 이런 일을 하느냐 또 누가 이 권위를 주었느냐 예수께서 대답하시되 나도 한 말을 너희에게 물으리니 너희가 대답하면 나도 무슨 권위로 이런 일을 하는지 이르리라 요한의 세례가 어디로부터 왔느냐 하늘로부터냐 사람으로부터냐 그들이 서로 의논하여 이르되 만일 하늘로부터라 하면 어찌하여 그를 믿지 아니하였느냐 할 것이요 만일 사람으로부터라 하면 모든 사람이 요한을 선지자로 여기니 백성이 무섭다 하여 예수께 대답하여 이르되 우리가 알지 못하노라 하니 예수께서 이르시되 나도 무슨 권위로 이런 일을 하는지 너희에게 이르지 아니하리라"(마 21:23-27).

▶ 교훈

예수님께서 성전을 청결하게 하신 일에 대하여 질문하는 교권자들에게, 세례 요한의 권위가 신적이며 그 권위의 출처가 하나님께 있듯이, 예수님의 권위 역시 신적이며 그 출처가 하나님께 있음을 반문의 형태로 대답하신 것이다.

▶ 말씀 - 포도원 농부의 비유

"다른 한 비유를 들으라 한 집 주인이 포도원을 만들어 산울타리로 두르고 거기에 즙 짜는 틀을 만들고 망대를 짓고 농부들에게 세로 주고 타국에 갔더니 열매 거둘 때가 가까우매 그 열매를 받으려고 자기 종들을 농부들에게 보내니 농부들이 종들을 잡아 하나는 심히 때리고 하나는 죽이고 하나는 돌로 쳤거늘 다시 다른 종들을 처음보다 많이 보내니 그들에게도 그렇게 하였는지라 후에 자기 아들을 보내며 이르되 그들이 내 아들은 존대하리라 하였더니 농부들이 그 아들을 보고 서로 말하되 이는 상속자니 자 죽이고 그의 유산을 차지하자 하고 이에 잡아 포도원 밖에 내쫓아 죽였느니라"(마 21:33-39).

▶ 교훈

예수님께서 이스라엘 백성과 예수님 자신과의 관계를 말씀하는 것으로서 농부는 교권자, 종은 선지자, 아들은 예수님 자신을 비유한 것이다. 이는 하나님께서 보내신 수많은 선지자들을 핍박하고 죽였으며 그 아들마저 십자가에 못 박아 죽인 이스라엘 민족이 앞으로 받을 심판을 암시해 주신 것이다.

▶ 말씀

"이에 바리새인들이 가서 어떻게 하면 예수를 말의 올무에 걸리게 할까 상의하고 자기 제자들을 헤롯 당원들과 함께 예수께 보내어 말하되 선생님이여 우리가 아노니 당신은 참되시고 진리로 하나님의 도를 가르치시며 아무도 꺼리는 일이 없으시니 이는 사람을 외모로 보지 아니하심이니이다 그러면 당신의 생각에는 어떠한지 우리에게 이르소서 가이사에게 세금을 바치는 것이 옳으니이까 옳지 아니하니이까 하니 예수께서 그들의 악함을 아시고 이르시되 외식하는 자들아 어찌하여 나를 시험하느냐 세금 낼 돈을 내게 보이라 하시니 데나리온 하나를 가져왔거늘 예수께서 말씀하시되 이 형상과 이 글이 누구의 것이냐 이르되 가이사의 것이니이다 이에 이르시되 그런즉 가이사의 것은 가이사에게, 하나님의 것은 하나님께 바치라 하시니 그들이 이 말씀을 듣고 놀랍게 여겨 예수를 떠나가니라"(마 22:15-22).

▶ 교훈

종교 문제로 반격을 당한 교권자들이 이번에는 헤롯 당과 합세하여 정치 문제로 예수님을 궁지에 빠트릴 간계를 썼다. 이에 예수님은 국가에 대한 의무와 하나님께 대한 의무에 같이 충실할 것을 가르치심으로, 당시 유대인들이 전자는 무시하고 후자만을 강조하는 문제를 지적하시면서 이 길도 저 길도 아닌 예수님의 제3의 길을 보여주셨다.

▶ 말씀

"부활이 없다 하는 사두개인들이 그 날 예수께 와서 물어 이르되 선생님이여 모세가 일렀으되 사람이 만일 자식이 없이 죽으면 그 동생이 그 아내에게 장가 들어 형을 위하여 상속자를 세울지니라 하였나이다 우리 중에 칠 형제가 있었는데 맏이가 장가 들었다가 죽어 상속자가 없으므로 그 아내를 그 동생에게 물려 주고 그 둘째와 셋째로 일곱째까지 그렇게 하다가 최후에 그 여자도 죽었나이다 그런즉 그들이 다 그를 취하였으니 부활 때에 일곱 중의 누구의 아내가 되리이까 예수께서 대답하여 이르시되 너희가 성경도, 하나님의 능력도 알지 못하는 고로 오해하였도다 부활 때에는 장가도 아니 가고 시집도 아니 가고 하늘에 있는 천사들과 같으니라 죽은 자의 부활을 논할진대 하나님이 너희에게 말씀하신 바 나는 아브라함의 하나님이요 이삭의 하나님이요 야곱의 하나님이로라 하신 것을 읽어 보지 못하였느냐 하나님은 죽은 자의 하나님이 아니요 살아 있는 자의 하나님이시니라 하시니 무리가 듣고 그의 가르치심에 놀라더라"(마 22:23-33).

▶ **교훈**

'부활이 없다'고 주장하는 사두개인들의 질문이다. 사두개인들은 현세와 내세를 동일시하는 무지와 불신앙에 빠져 있었다. 이에 예수님은, 내세는 죽음이 없기 때문에 천사와 같이 생산을 위한 결혼이 필요 없음을 말씀하심으로 사후의 내세관을 분명하게 역설하셨다.

② 오후

▶ **말씀**

"예수께서 사두개인들로 대답할 수 없게 하셨다 함을 바리새인들이 듣고 모였는데 그중의 한 율법사가 예수를 시험하여 묻되 선생님 율법 중에서 어느 계명이 크니이까 예수께서 이르시되 네 마음을 다하고 목숨을 다하고 뜻을 다하여 주 너의 하나님을 사랑하라 하셨으니 이것이 크고 첫째 되는 계명이요 둘째도 그와 같으니 네 이웃을 네 자신 같이 사랑하라 하셨으니 이 두 계명이 온 율법과 선지자의 강령이니라"(마 22:34-40; 막 12:28-34; 눅 10:25-28).

▶ **교훈**

예수님께서는, 율법 준수도 자기 의를 자랑하기 위해 형식적이고 위선적으로 행하는 당시 유대인들에게, 율법의 근본정신은 위로 하나님을 사랑하고 아래로 사람을 사랑하는 경천애인(敬天愛人)임을 밝히셨다.

▶ **말씀**

"바리새인들이 모였을 때에 예수께서 그들에게 물으시되 너희는 그리스도에 대하여 어떻게 생각하느냐 누구의 자손이냐 대답하되 다윗의 자손이니이다 이르시되 그러면 다윗이 성령에 감동되어 어찌 그리스도를 주라 칭하여 말하되 주께서 내 주께 이르시되 내가 네 원수를 네 발 아래에 둘 때까지 내 우편에 앉아 있으라 하셨도다 하였느냐 다윗이 그리스도를 주라 칭하였은즉 어찌 그의 자손이 되겠느냐 하시니 한 마디도 능히 대답하는 자가 없고 그날부터 감히 그에게 묻는 자도 없더라"(마 22:41-46).

▶ **교훈**

예수님을 메시아로 인정하지 않는 당시 유대인들에게 시편 101편 1절 말씀을 인용하여, 메시아는 다윗의 자손이 아니라 다윗이 주라고 호칭하는 분으로서, 곧 예수님 자신이 다윗이 주라 칭한 메시아 되심을 암시하셨다.

▶ **말씀**

"예수께서 가르치실 때에 이르시되 긴 옷을 입고 다니는 것과 시장에서 문안 받는 것과 회당의 높은 자리와 잔치의 윗자리를 원하는 서기관들을 삼가라 그들은 과부의 가산을 삼키며 외식으로 길게 기도하는 자니 그 받는 판결이 더욱 중하리라 하시니라"(막 12:38-40).

▶ **교훈**

예수님께서는 당시 교권자의 교만과 위선적인 삶을 책망하시면서, 이런 잘못된 신앙은 본받지 말며 형식적이고 위선적인 율법 준수의 짐을 벗어 버리고 겸손과 진실로 참 자유를 누리는 신앙생활을 교훈하신다.

▶ **말씀**

"예수께서 헌금함을 대하여 앉으사 무리가 어떻게 헌금함에 돈 넣는가를 보실새 여러 부자는 많이 넣는데 한 가난한 과부는 와서 두 렙돈 곧 한 고드란트를 넣는지라 예수께서 제자들을 불러다가 이르시되 내가 진실로 너희에게 이르노니 이 가난한 과부는 헌금함에 넣는 모든 사람보다 많이 넣었도다 그들은 다 그 풍족한 중에서 넣었거니와 이 과부는 그 가난한 중에서 자기의 모든 소유 곧 생활비 전부를 넣었느니라 하시니라"(막 12:41-44; 눅 21:1-4).

▶ **교훈**

당시 유대인들은 부자의 많은 헌금은 칭찬하고 가난한 과부의 헌금은 무시했다. 예수님은 이런 잘못된 모습을 책망하시면서 헌금은 물질보다 정신이, 양보다 질이, 그 액수보다 그 비율이 더 귀함을 가르쳐 주셨다.

③ 저녁

일행은 성전을 떠나 감람산에 올라 완전히 돌로 만들어진 예루살렘 도성과 성전이 내려다보이는 장소에 자리를 잡았다.

▶ **말씀**

"예수께서 성전에서 나가실 때에 제자 중 하나가 이르되 선생님이여 보소서 이 돌들이 어떠하며 이 건물들이 어떠하니이까 예수께서 이르시되 네가 이 큰 건물들을 보느냐 돌 하나도 돌 위에 남지 않고 다 무너뜨려지리라 하시니라"(막 13:1-2).

▶ **교훈**

예수님의 종말적 예언의 말씀으로 '소계시록'이라 불린다. 이 예언의 말씀은 먼저 주후 70년 예루살렘의 멸망으로 이미 성취되었고, 앞으로 우주의 종말의 날, 곧 예수님 재림의 날에 하나님의 심판과 구원의 역사로 성취될 것이다.

▶ **말씀**

"그때에 그 환난 후 해가 어두워지며 달이 빛을 내지 아니하며 별들이 하늘에서 떨어지며 하늘에 있는 권능들이 흔들리리라 그때에 인자가 구름을 타고 큰 권능과 영광으로 오는 것을 사람들이 보리라 또 그때에 그가 천사들을 보내어 자기가 택하신 자들을 땅 끝으로부터 하늘 끝까지 사방에서 모으리라"(막 13:24-27).

▶ **교훈**

우주의 종말의 날, 곧 예수님의 재림의 날이요, 구원과 심판의 날을 묘사하고 있다. 그날과 그 시는 그 누구도 모르고 오직 하나님만 아시므로, 우리 모든 성도들은 항상 깨어서 재림하시는 주님을 맞이할 준비를 해야 한다.

3) 수요일

죽음을 앞에 둔 예수님은 수요일 낮부터 목요일 낮까지 제자들과 베다니에서 일생을 마무리하는 조용한 시간을 가지셨다.

▶ **말씀**

"이틀이 지나면 유월절과 무교절이라 대제사장들과 서기관들이 예수를 흉계로 잡아 죽일 방도를 구하며 이르되 민란이 날까 하노니 명절에는 하지 말자 하더라 예수께서 베다니 나병환자 시몬의 집에서 식사하실 때에 한 여자가 매우 값진 향유 곧 순전한 나드 한 옥합을 가지고 와서 그 옥합을 깨뜨려 예수의 머리에 부으니 어떤 사람들이 화를 내어 서로 말하되 어찌하여 이 향유를 허비하는가 이 향유를 삼백 데나리온 이상에 팔아 가난한 자들에게 줄 수 있었겠도다 하며 그 여자를 책망하는지라 예수께서 이르시되 가만 두라 너희가 어찌하여 그를 괴롭게 하느냐 그가 내게 좋은 일을 하였느니라 가난한 자들은 항상 너희와 함께 있으니 아무 때라도 원하는 대로 도울 수 있거니와 나는 너희와 항상 함께 있지 아니하리라 그는 힘을 다하여 내 몸에 향유를 부어 내 장례를 미리 준비하였느니라 내가 진실로 너희에게 이르노니 온 천하에 어디서든지 복음이 전파되는 곳에는 이 여자가 행한 일도 말하여 그를 기억하리라 하시니라 열둘 중의 하나인 가룟 유다가 예수를 넘겨 주려고 대제사장들에게 가매 그들이 듣고 기뻐하여 돈을 주기로 약속하니 유다가 예수를 어떻게 넘겨 줄까 하고 그 기회를 찾더라"(막 14:1-11).

▶ 교훈

예수님과 제자들은 베다니에서 휴식하시고, 교권자들은 예수님을 잡아 죽일 흉계를 찾고 있었다. 예수님은 베다니 나환자 시몬의 집에서 식사를 하실 때에 한 여인으로부터 머리에 향유 옥합의 기름 부음을 받으셨다. 한편 가룟 유다는 예수님을 교권자에게 넘겨주려 성안으로 들어갔고, 교권자들에게 돈을 받은 유다는 예수님을 넘겨줄 기회를 찾고 있었다.

4) 목요일 저녁

▶ **말씀**

"무교절의 첫날 곧 유월절 양 잡는 날에 제자들이 예수께 여짜오되 우리가 어디로 가서 선생님께서 유월절 음식을 잡수시게 준비하기를 원하시나이까 하매 예수께서 제자 중의 둘을 보내시며 이르시되 성내로 들어가라 그리하면 물 한 동이를 가지고 가는 사람을 만나리니 그를 따라가서 어디든지 그가 들어가는 그 집 주인에게 이르되 선생님의 말씀이 내가 내 제자들과 함께 유월절 음식을 먹을 나의 객실이 어디 있느냐 하시더라 하라 그리하면 자리를 펴고 준비한 큰 다락방을 보이리니 거기서 우리를 위하여 준비하라 하시니 제자들이 나가 성내로 들어가서 예수께서 하시던 말씀대로 만나 유월절 음식을 준비하니라 저물매 그 열둘을 데리시고 가서 다 앉아 먹을 때에 예수께서 이르시되 내가 진실로 너희에게 이르노니 너희 중의 한 사람 곧 나와 함께 먹는 자가 나를 팔리라 하신대 그들이 근심하며 하나씩 하나씩 나는 아니지요 하고 말하기 시작하니 그들에게 이르시되 열둘 중의 하나 곧 나와 함께 그릇에 손을 넣는 자니라 인자는 자기에 대하여 기록된 대로 가거니와 인자를 파는 그 사람에게는 화가 있으리로다 그 사람은 차라리 나지 아니하였더라면 자기에게 좋을 뻔하였느니라 하시니라"(막 14:12-21).

▶ **말씀** - 최후의 만찬 예식(예루살렘 시내의 한 다락방에서)

"그들이 먹을 때에 예수께서 떡을 가지사 축복하시고 떼어 제자들에게 주시며 이르시되 받으라 이것은 내 몸이니라 하시고 또 잔을 가지사 감사 기도 하시고 그들에게 주시니 다 이를 마시매 이르시되 이것은 많은 사람을 위하여 흘리는 나의 피 곧 언약의 피니라 진실로 너희에게 이르노니 내가 포도나무에서 난 것을 하나님 나라에서 새 것으로 마시는 날까지 다시 마시지 아니하리라 하시니라"(막 14:22-25).

▶ 말씀

"이에 그들이 찬미하고 자정에 감람 산으로 가니라 예수께서 제자들에게 이르시되 너희가 다 나를 버리리라 이는 기록된 바 내가 목자를 치리니 양들이 흩어지리라 하였음이니라 그러나 내가 살아난 후에 너희보다 먼저 갈릴리로 가리라 베드로가 여짜오되 다 버릴지라도 나는 그리하지 않겠나이다 예수께서 이르시되 내가 진실로 네게 이르노니 오늘 이 밤 닭이 두 번 울기 전에 네가 세 번 나를 부인하리라 베드로가 힘있게 말하되 내가 주와 함께 죽을지언정 주를 부인하지 않겠나이다 하고 모든 제자도 이와 같이 말하니라"(막 14:26-31).

▶ 말씀 - 겟세마네에서 기도하심

"그들이 겟세마네라 하는 곳에 이르매 예수께서 제자들에게 이르시되 내가 기도할 동안에 너희는 여기 앉아 있으라 하시고 베드로와 야고보와 요한을 데리고 가실새 심히 놀라시며 슬퍼하사 말씀하시되 내 마음이 심히 고민하여 죽게 되었으니 너희는 여기 머물러 깨어 있으라 하시고 조금 나아가사 땅에 엎드리어 될 수 있는 대로 이때가 자기에게서 지나가기를 구하여 이르시되 아빠 아버지여 아버지께는 모든 것이 가능하오니 이 잔을 내게서 옮기시옵소서 그러나 나의 원대로 마시옵고 아버지의 원대로 하옵소서 하시고 돌아오사 제자들이 자는 것을 보시고 베드로에게 말씀하시되 시몬아 자느냐 네가 한 시간도 깨어 있을 수 없더냐 시험에 들지 않게 깨어 있어 기도하라 마음에는 원이로되 육신이 약하도다 하시고 다시 나아가 동일한 말씀으로 기도하시고 다시 오사 보신즉 그들이 자니 이는 그들의 눈이 심히 피곤함이라 그들이 예수께 무엇으로 대답할 줄을 알지 못하더라 세 번째 오사 그들에게 이르시되 이제는 자고 쉬라 그만 되었다 때가 왔도다 보라 인자가 죄인의 손에 팔리느니라 일어나라 함께 가자 보라 나를 파는 자가 가까이 왔느니라"(막 14:32-42).

▶ **말씀** - 예수님께서 잡히심

"예수께서 말씀하실 때에 곧 열둘 중의 하나인 유다가 왔는데 대제사장들과 서기관들과 장로들에게서 파송된 무리가 검과 몽치를 가지고 그와 함께하였더라 예수를 파는 자가 이미 그들과 군호를 짜 이르되 내가 입맞추는 자가 그이니 그를 잡아 단단히 끌어가라 하였는지라 이에 와서 곧 예수께 나아와 랍비여 하고 입을 맞추니 그들이 예수께 손을 대어 잡거늘 곁에 서 있는 자 중의 한 사람이 칼을 빼어 대제사장의 종을 쳐 그 귀를 떨어뜨리니라 예수께서 무리에게 말씀하여 이르시되 너희가 강도를 잡는 것같이 검과 몽치를 가지고 나를 잡으러 나왔느냐 내가 날마다 너희와 함께 성전에 있으면서 가르쳤으되 너희가 나를 잡지 아니하였도다 그러나 이는 성경을 이루려 함이니라 하시더라 제자들이 다 예수를 버리고 도망하니라"(막 14:43-50).

5) 금요일(유월절 전날)

• 예수님께서 공회(산헤드린) 앞에 서심.

• 공회가 목요일 늦은 밤부터 금요일 새벽까지 예수님을 심문하고 사형까지 확정함.

▶ **말씀**

"그들이 예수를 끌고 대제사장에게로 가니 대제사장들과 장로들과 서기관들이 다 모이더라 베드로가 예수를 멀찍이 따라 대제사장의 집 뜰 안까지 들어가서 아랫사람들과 함께 앉아 불을 쬐더라 대제사장들과 온 공회가 예수를 죽이려고 그를 칠 증거를 찾되 얻지 못하니 이는 예수를 쳐서 거짓 증언하는 자가 많으나 그 증언이 서로 일치하지 못함이라 어떤 사람들이 일어나 예수를 쳐서 거짓 증언하여 이르되 우리가 그의 말을 들으니 손으로 지은 이 성전을 내가 헐고 손으로 짓지 아니한 다른 성전을 사흘 동안에 지으리라 하더라 하되 그 증언도 서로 일치하지 않더라 대제사장이 가운데 일어서서 예수에게 물어 이르되 너는 아무 대답도 없느냐 이 사람들이 너를 치는 증거가 어떠하냐 하되 침묵하고 아무 대답도 아니하시거늘 대제사장이 다시 물어 이르되 네가 찬송 받을 이의 아들 그리스도냐 예수께서 이르시되 내가 그니라 인자가 권능자의 우편에 앉은 것과 하늘 구름을 타고 오는 것을 너희가 보리라 하시니 대제사장이 자기 옷을 찢으며 이르되 우리가 어찌 더 증인을 요구하리요 그 신성모독 하는 말을 너희가 들었도다 너희는 어떻게 생각하느냐 하니 그들이 다 예수를 사형에 해당한 자로 정죄하고 어떤 사람은 그에게 침을 뱉으며 그의 얼굴을 가리고 주먹으로 치며 이르되 선지자 노릇을 하라 하고 하인들은 손바닥으로 치더라"(막 14:53-65).

▶ **말씀** - 베드로가 예수님을 세 번 부인함

"베드로는 아랫뜰에 있더니 대제사장의 여종 하나가 와서 베드로가 불 쬐고 있는 것을 보고 주목하여 이르되 너도 나사렛 예수와 함께 있었도다 하거늘 베드로가 부인하여 이르되 나는 네가 말하는 것이 무엇인지 알지도 못하고 깨닫지도 못하겠노라 하며 앞뜰로 나갈새 여종이 그를 보고 곁에 서 있는 자들에게 다시 이르되 이 사람은 그 도당이라 하되 또 부인하더라 조금 후에 곁에 서 있는 사람들이 다시 베드로에게 말하되 너도 갈릴리 사람이니 참으로 그 도당이니라 그러나 베드로가 저주하며 맹세하되 나는 너희가 말하는 이 사람을 알지 못하노라 하니 닭이 곧 두 번째 울더라 이에 베드로가 예수께서 자기에게 하신 말씀 곧 닭이 두 번 울기 전에 네가 세 번 나를 부인하리라 하심이 기억되어 그 일을 생각하고 울었더라"(막 14:66-72).

▶ **말씀** - 예수님께서 빌라도 총독에게 심문을 받으심

"새벽에 대제사장들이 즉시 장로들과 서기관들 곧 온 공회와 더불어 의논하고 예수를 결박하여 끌고 가서 빌라도에게 넘겨주니 빌라도가 묻되 네가 유대인의 왕이냐 예수께서 대답하여 이르시되 네 말이 옳도다 하시매 대제사장들이 여러 가지로 고발하는지라 빌라도가 또 물어 이르되 아무 대답도 없느냐 그들이 얼마나 많은 것으로 너를 고발하는가 보라 하되 예수께서 다시 아무 말씀으로도 대답하지 아니하시니 빌라도가 놀랍게 여기더라"(막 15:1-5).

▶ **말씀** - 예수님을 십자가에 못 박도록 넘겨줌

"명절이 되면 백성들이 요구하는 대로 죄수 한 사람을 놓아 주는 전례가 있더니 민란을 꾸미고 그 민란 중에 살인하고 체포된 자 중에 바라바라 하는 자가 있는지라 무리가 나아가서 전례대로 하여 주기를 요구한대 빌라도가 대답하여 이르되 너희는 내가 유대인의 왕을 너희에게 놓아 주기를 원하느냐 하니 이는 그가 대제사장들이 시기로 예수를 넘겨 준 줄 앎이러라 그러나 대제사장들이 무리를 충동하여 도리어 바라바를 놓아 달라 하게 하니 빌라도가 또 대답하여 이르되 그러면 너희가 유대인의 왕이라 하는 이를 내가 어떻게 하랴 그들이 다시 소리 지르되 그를 십자가에 못 박게 하소서 빌라도가 이르되 어찜이냐 무슨 악한 일을 하였느냐 하니 더욱 소리 지르되 십자가에 못 박게 하소서 하는지라 빌라도가 무리에게 만족을 주고자 하여 바라바는 놓아 주고 예수는 채찍질하고 십

자가에 못 박히게 넘겨주니라"(막 15:6-15).

▶ **말씀** - 예수님을 군인들이 희롱함

"군인들이 예수를 끌고 브라이도리온이라는 뜰 안으로 들어가서 온 군대를 모으고 예수에게 자색 옷을 입히고 가시관을 엮어 씌우고 경례하여 이르되 유대인의 왕이여 평안할지어다 하고 갈대로 그의 머리를 치며 침을 뱉으며 꿇어 절하더라 희롱을 다한 후 자색 옷을 벗기고 도로 그의 옷을 입히고 십자가에 못 박으려고 끌고 나가니라"(막 15:16-20).

▶ **말씀** - 예수님께서 십자가에 못 박히심

"마침 알렉산더와 루포의 아버지인 구레네 사람 시몬이 시골로부터 와서 지나가는데 그들이 그를 억지로 같이 가게 하여 예수의 십자가를 지우고 예수를 끌고 골고다라 하는 곳(번역하면 해골의 곳)에 이르러 몰약을 탄 포도주를 주었으나 예수께서 받지 아니하시니라 십자가에 못 박고 그 옷을 나눌새 누가 어느 것을 가질까 하여 제비를 뽑더라 때가 제삼시가 되어 십자가에 못 박으니라 그 위에 있는 죄패에 유대인의 왕이라 썼고 강도 둘을 예수와 함께 십자가에 못 박으니 하나는 그의 우편에, 하나는 좌편에 있더라 (없음) 지나가는 자들은 자기 머리를 흔들며 예수를 모욕하여 이르되 아하 성전을 헐고 사흘에 짓는다는 자여 네가 너를 구원하여 십자가에서 내려오라 하고 그와 같이 대제사장들도 서기관들과 함께 희롱하며 서로 말하되 그가 남은 구원하였으되 자기는 구원할 수 없도다 이스라엘의 왕 그리스도가 지금 십자가에서 내려와 우리가 보고 믿게 할지어다 하며 함께 십자가에 못 박힌 자들도 예수를 욕하더라"(막 15:21-32).

▶ **말씀** - 예수님께서 숨지심

"제육시가 되매 온 땅에 어둠이 임하여 제구시까지 계속하더니 제구시에 예수께서 크게 소리 지르시되 엘리 엘리 라마 사박다니 하시니 이를 번역하면 나의 하나님, 나의 하나님 어찌하여 나를 버리셨나이까 하는 뜻이라 곁에 섰던 자 중 어떤 이들이 듣고 이르되 보라 엘리야를 부른다 하고 한 사람이 달려가서 해면에 신 포도주를 적시어 갈대에 꿰어 마시게 하고 이르되 가만두라 엘리야가 와서 그를 내려 주나 보자 하더라 예수께서 큰 소리를 지르시고 숨지시니라 이에 성소 휘장이 위로부터 아래까지 찢어져 둘이 되니라 예수를 향하여 섰던 백부장이 그렇게 숨지심을 보고 이르되 이 사람은 진실로 하나님의 아들이었도다 하더라"(막 15:33-39).

▶ **말씀** - 요셉이 예수님의 시체를 무덤에 모심

"이날은 준비일 곧 안식일 전날이므로 저물었을 때에 아리마대 사람 요셉이 와서 당돌히 빌라도에게 들어가 예수의 시체를 달라 하니 이 사람은 존경 받는 공회원이요 하나님의 나라를 기다리는 자라 빌라도는 예수께서 벌써 죽었을까 하고 이상히 여겨 백부장을 불러 죽은 지가 오래냐 묻고 백부장에게 알아 본 후에 요셉에게 시체를 내주는지라 요셉이 세마포를

사서 예수를 내려다가 그것으로 싸서 바위 속에 판 무덤에 넣어 두고 돌을 굴려 무덤 문에 놓으매 막달라 마리아와 요세의 어머니 마리아가 예수 둔 곳을 보더라"(막 15:42-47).

예수님의 십자가상의 칠언

•십자가 위에 달려 계신 6시간 동안 하신 말씀

(제3시–제9시, 09:00–15:00)

1) 아버지여 저들을 사하여 주옵소서

"이에 예수께서 이르시되 아버지 저들을 사하여 주옵소서 자기들이 하는 것을 알지 못함이니이다 하시더라"(눅 23:34).

2) 오늘 네가 나와 함께 낙원에 있으리라

"예수께서 이르시되 내가 진실로 네게 이르노니 오늘 네가 나와 함께 낙원에 있으리라 하시니라"(눅 23:43).

3) 보소서 아들이니이다

"예수께서 자기의 어머니와 사랑하시는 제자가 곁에 서 있는 것을 보시고 자기 어머니께 말씀하시되 여자여 보소서 아들이니이다 하시고"(요 19:26).

4) 어찌하여 나를 버리시나이까

"제구시쯤에 예수께서 크게 소리 질러 이르시되 엘리 엘리 라마 사박다니 하시니 이는 곧 나의 하나님, 나의 하나님, 어찌하여 나를 버리셨나이까 하는 뜻이라"(마 27:46; 막 15:34).

5) 내가 목마르다

"그후에 예수님께서 모든 일이 이미 이루어진 줄 아시고 성경을 응하게 하려 하사 이르시되 내가 목마르다 하시니"(요 19:28).

6) 다 이루었다

"예수께서 신 포도주를 받으신 후에 이르시되 다 이루었다 하시고 머리를 숙이니 영혼이 떠나가시니라"(요 19:30).

7) 내 영혼을 아버지 손에 부탁하나이다

"예수께서 큰 소리로 불러 이르시되 아버지 내 영혼을 아버지 손에 부탁하나이다 하고 이 말씀을 하신 후 숨지시니라" (눅 23:46).

가상 칠언 기억하기

- 容(용) 樂(낙) 子(자) 棄(기) 喝(갈) 成(성) 魂(혼)

1) 容(눅 23:34)

2) 樂(눅 23:43)

3) 子(요 19:26)

4) 棄(마 27:46; 막 15:34)

5) 喝(요 19:28)

6) 成(요 19:30)

7) 魂(눅 23:46)

① 보라 네 어머니라

"또 그 제자에게 이르시되 보라 네 어머니라 하신대 그때부터 그 제자가 자기 집에 모시니라"(요 19:27).

② 영혼이 떠나시니라

"예수께서 다시 크게 소리 지르시고 영혼이 떠나시니라"(마 27:50).

③ 숨지시니라

"예수께서 큰 소리를 지르시고 숨지시니라"(막 15:37).

7

성찬 예식

성찬은 주 예수님이 제정하셨다.

1) 성찬의 근거

예수님께서 최후만찬 석상에서 제자들에게 친히 성찬을 베풀어 주셨으므로 이 사실이 성찬의 근거이다.

> "주 예수께서 잡히시던 밤에 떡을 가지사 축사하시고 떼어 이르시되 이것은 너희를 위하는 내 몸이니 이것을 행하여 나를 기념하라 하시고 식후에 또한 그와 같이 잔을 가지시고 이르시되 이 잔은 내 피로 세운 새 언약이니 이것을 행하여 마실 때마다 나를 기념하라 하셨으니"(고전 11:23-25).

2) 성찬의 의미

예수님께서 우리의 죄를 사하시고 구원하시기 위하여 십자가 상에서 자신의 살과 피를 내어 주신 것을 재림 시까지 항상 잊지 않고 기억하며 감사하는 신앙생활을 하려는 데 그 의미가 있다.

"그들이 먹을 때에 예수님께서 떡을 가지사 축복하시고 떼어 제자들에게 주시며 이르시되 받아서 먹으라 이것은 내 몸이니라 하시고 또 잔을 가지사 감사 기도 하시고 그들에게 주시며 이르시되 너희가 다 이것을 마시라 이것은 죄 사함을 얻게 하려고 많은 사람을 위하여 흘리는 바 나의 피 곧 언약의 피니라"(마 26:26-28).

3) 성찬의 결과

예수님께서 친히 행하시고 명하신 성찬 예식을 성찬의 의미를 따라 믿고 행함으로 우리는 죄 사함 받고 구원을 얻어 새 생명으로 하나님의 자녀가 되어 천국 상속자가 되는 결과를 얻게 된다.

"그가 찔림은 우리의 허물 때문이요 그가 상함은 우리의 죄악 때문이라 그가 징계를 받으므로 우리는 평화를 누리고 그가 채찍에 맞으므로 우리는 나음을 받았도다"(사 53:5).

8

부활 후 행적

• 예수님께서 부활하신 후 40일 동안 제자들과 가까운 사람들에게 11번 나타나신

사복음서의 기록

순서	시기	만난 사람	장소	성경	당시 상황과 훈계 말씀
예수의 부활	안식 후 첫날, 매우 일찍 해 돋을 때	예수께서 일곱 귀신을 쫓아 주신 막달라 마리아, 야고보의 어머니인 다른 마리아	예수님의 무덤	마가복음 16:1-8 마태복음 28:1-8	"무덤에 들어가서 흰 옷을 입은 한 청년이 우편에 앉은 것을 보고 놀라매 청년이 이르되 놀라지 말라 너희가 십자가에 못 박히신 나사렛 예수를 찾는구나 그가 살아나셨고 여기 계시지 아니하니라 보라 그를 두었던 곳이니라 가서 그의 제자들과 베드로에게 이르기를 예수께서 너희보다 먼저 갈릴리로 가시나니 전에 너희에게 말씀하신 대로 너희가 거기서 뵈오리라 하라 하는지라 여자들이 몹시 놀라 떨며 나와 무덤에서 도망하고 무서워하여 아무에게 아무 말도 하지 못하더라."

순서	시기	만난 사람	장소	성경	당시 상황과 훈계 말씀
첫 번째	안식 후 첫날 이른 아침	막달라 마리아		마가복음 16:9-11	"막달라 마리아에게 먼저 보이시니 마리아가 가서 예수와 함께 하던 사람들이 슬퍼하며 울고 있는 중에 이 일을 알리매 그들은 예수께서 살아나셨다는 것과 마리아에게 보이셨다는 것을 듣고도 믿지 아니하니라."
두 번째	안식 후 첫날 새벽	막달라 마리아, 다른 마리아	갈릴리를 향하여 달려가는 길	마태복음 28:8-10	"그 여자들이 무서움과 큰 기쁨으로 빨리 무덤을 떠나 제자들에게 알리려고 달음질할새 예수께서 그들을 만나 이르시되 평안하냐 하시거늘 여자들이 나아가 그 발을 붙잡고 경배하니 이에 예수께서 이르시되 무서워하지 말라 가서 내 형제들에게 갈릴리로 가라 하라 거기서 나를 보리라 하시니라."
세 번째	안식 후 첫날 일찍이	막달라 마리아	예수님의 무덤	요한복음 20:11-18	"이 말을 하고 뒤로 돌이켜 예수께서 서 계신 것을 보았으나 예수이신 줄은 알지 못하더라 예수께서 이르시되 여자여 어찌하여 울며 누구를 찾느냐 하시니 마리아는 그가 동산지기인 줄 알고 이르되 주여 당신이 옮겼거든 어디 두었는지 내게 이르소서 그리하면 내가 가져가리이다 예수께서 마리아야 하시거늘 마리아가 돌이켜 히브리 말로 랍오니 하니 (이는 선생님이라는 말이라) 예수께서 이르시되 나를 붙들지 말라 내가 아직 아버지께로 올라가지 아니하였노라 너는 내 형제들에게 가서 이르되 내가 내 아버지 곧 너희 아버지, 내 하나님 곧 너희 하나님께로 올라간다 하라 하시니 막달라 마리아가 가서 제자들에게 내가 주를 보았다 하고 또 주께서 자기에게 이렇게 말씀하셨다 이르니라."

순서	시기	만난 사람	장소	성경	당시 상황과 훈계 말씀
네 번째	그날	제자 두 명 (글로바 등)	엠마오 길 (예루살렘에서 10km 거리)	누가복음 24:13-32 마가복음 16:12-13	"그날에 그들 중 둘이 예루살렘에서 이십오 리 되는 엠마오라 하는 마을로 가면서 이 모든 된 일을 서로 이야기하더라 그들이 서로 이야기하며 문의할 때에 예수께서 가까이 이르러 그들과 동행하시나 그들의 눈이 가리어져서 그인 줄 알아보지 못하거늘 예수께서 이르시되 너희가 길 가면서 서로 주고받고 하는 이야기가 무엇이냐 하시니 두 사람이 슬픈 빛을 띠고 머물러 서더라… 당신이 예루살렘에 체류하면서도 요즘 거기서 된 일을 혼자만 알지 못하느냐…이에 모세와 모든 선지자의 글로 시작하여 모든 성경에 쓴 바 자기에 관한 것을 자세히 설명하시니라…그들이 강권하여 이르되 우리와 함께 유하사이다 때가 저물어가고 날이 이미 기울었나이다 하니 이에 그들과 함께 유하러 들어가시니라 그들과 함께 음식 잡수실 때에 떡을 가지사 축사하시고 떼어 그들에게 주시니 그들의 눈이 밝아져 그인 줄 알아 보더니 예수는 그들에게 보이지 아니하시는지라…그들이 서로 말하되 길에서 우리에게 말씀하시고 우리에게 성경을 풀어 주실 때에 우리 속에서 마음이 뜨겁지 아니하더냐 하고."

순서	시기	만난 사람	장소	성경	당시 상황과 훈계 말씀
다섯 번째	그날	열한 제자 및 그들과 함께한 자들	예루살렘	누가복음 24:33-49	"곧 그때로 일어나 예루살렘에 돌아가 보니 열한 제자 및 그들과 함께한 자들이 모여 있어 말하기를 주께서 과연 살아나시고 시몬에게 보이셨다 하는지라 두 사람도 길에서 된 일과 예수께서 떡을 떼심으로 자기들에게 알려지신 것을 말하더라 이 말을 할 때에 예수께서 친히 그들 가운데 서서 이르시되 너희에게 평강이 있을지어다 하시니 그들이 놀라고 무서워하여 그 보는 것을 영으로 생각하는지라 예수께서 이르시되 어찌하여 두려워하며 어찌하여 마음에 의심이 일어나느냐 내 손과 발을 보고 나인 줄 알라 또 나를 만져 보라 영은 살과 뼈가 없으되 너희 보는 바와 같이 나는 있느니라 이 말씀을 하시고 손과 발을 보이시나 그들이 너무 기쁘므로 아직도 믿지 못하고 놀랍게 여길 때에 이르시되 여기 무슨 먹을 것이 있느냐 하시니 이에 구운 생선 한 토막을 드리니 받으사 그 앞에서 잡수시더라 또 이르시되 내가 너희와 함께 있을 때에 너희에게 말한 바 곧 모세의 율법과 선지자의 글과 시편에 나를 가리켜 기록된 모든 것이 이루어져야 하리라 한 말이 이것이라 하시고 이에 그들의 마음을 열어 성경을 깨닫게 하시고."

순서	시기	만난 사람	장소	성경	당시 상황과 훈계 말씀
여섯 번째	그 후	열한 제자	갈릴리의 산	마태복음 28:16-20	"열한 제자가 갈릴리에 가서 예수께서 지시하신 산에 이르러 예수를 뵈옵고 경배하나 아직도 의심하는 사람들이 있더라 예수께서 나아와 말씀하여 이르시되 하늘과 땅의 모든 권세를 내게 주셨으니 그러므로 너희는 가서 모든 민족을 제자로 삼아 아버지와 아들과 성령의 이름으로 세례를 베풀고 내가 너희에게 분부한 모든 것을 가르쳐 지키게 하라 볼지어다 내가 세상 끝날까지 너희와 항상 함께 있으리라 하시니라"(임마누엘 약속).
일곱 번째	그 후	열한 제자	음식 먹을 때	마가복음 16:14-18	"그 후에 열한 제자가 음식 먹을 때에 예수께서 그들에게 나타나사 그들의 믿음 없는 것과 마음이 완악한 것을 꾸짖으시니 이는 자기가 살아난 것을 본 자들의 말을 믿지 아니함일러라 또 이르시되 너희는 온 천하에 다니며 만민에게 복음을 전파하라 믿고 세례를 받는 사람은 구원을 얻을 것이요 믿지 않는 사람은 정죄를 받으리라 믿는 자들에게는 이런 표적이 따르리니 곧 그들이 내 이름으로 귀신을 쫓아내며 새 방언을 말하며 뱀을 집어올리며 무슨 독을 마실지라도 해를 받지 아니하며 병든 사람에게 손을 얹은즉 나으리라 하시더라."

순서	시기	만난 사람	장소	성경	당시 상황과 훈계 말씀
여덟 번째	안식 후 첫날 저녁 때	제자들 (열두 제자 중 디두모 도마 불참)	유대인들이 두려워 문을 닫고 모인 곳	요한복음 20:19-25	"이날 곧 안식 후 첫날 저녁 때에 제자들이 유대인들을 두려워하여 모인 곳의 문들을 닫았더니 예수께서 오사 가운데 서서 이르시되 너희에게 평강이 있을지어다 이 말씀을 하시고 손과 옆구리를 보이시니 제자들이 주를 보고 기뻐하더라 예수께서 또 이르시되 너희에게 평강이 있을지어다 아버지께서 나를 보내신 것같이 나도 너희를 보내노라 이 말씀을 하시고 그들을 향하사 숨을 내쉬며 이르시되 성령을 받으라 너희가 누구의 죄든지 사하면 사하여질 것이요 누구의 죄든지 그대로 두면 그대로 있으리라 하시니라 열두 제자 중의 하나로서 디두모라 불리는 도마는 예수께서 오셨을 때에 함께 있지 아니한지라 다른 제자들이 그에게 이르되 우리가 주를 보았노라 하니 도마가 이르되 내가 그의 손의 못 자국을 보며 내 손가락을 그 못 자국에 넣으며 내 손을 그 옆구리에 넣어 보지 않고는 믿지 아니하겠노라 하니라."
아홉 번째	여드레가 지나서	제자들	한 제자의 집	요한복음 20:26-29	"여드레를 지나서 제자들이 다시 집안에 있을 때에 도마도 함께 있고 문들이 닫혔는데 예수께서 오사 가운데 서서 이르시되 너희에게 평강이 있을지어다 하시고 도마에게 이르시되 네 손가락을 이리 내밀어 내 손을 보고 네 손을 내밀어 내 옆구리에 넣어 보라

순서	시기	만난 사람	장소	성경	당시 상황과 훈계 말씀
					그리하여 믿음 없는 자가 되지 말고 믿는 자가 되라 도마가 대답하여 이르되 나의 주님이시요 나의 하나님이시니이다 예수께서 이르시되 너는 나를 본 고로 믿느냐 보지 못하고 믿는 자들은 복되도다 하시니라."
열 번째	그 후	일곱 제자 (베드로, 도마, 나다나엘, 야고보, 요한 등)	디베랴 호수 (갈릴리 호수 혹은 게네사렛 호수라고도 부른다)	요한복음 21:1-14	"그 후에 예수께서 디베랴 호수에서 또 제자들에게 자기를 나타내셨으니 나타내신 일은 이러하니라 시몬 베드로와 디두모라 하는 도마와 갈릴리 가나 사람 나다나엘과 세베대의 아들들과 또 다른 제자 둘이 함께 있더니 시몬 베드로가 나는 물고기 잡으러 가노라 하니 그들이 우리도 함께 가겠다 하고 나가서 배에 올랐으나 그날 밤에 아무것도 잡지 못하였더니 날이 새어갈 때에 예수께서 바닷가에 서셨으나 제자들이 예수이신 줄 알지 못하는지라 예수께서 이르시되 얘들아 너희에게 고기가 있느냐 대답하되 없나이다 이르시되 그물을 배 오른편에 던지라 그리하면 잡으리라 하시니 이에 던졌더니 물고기가 많아 그물을 들 수 없더라…예수께서 이르시되 지금 잡은 생선을 좀 가져오라 하시니 시몬 베드로가 올라가서 그물을 육지에 끌어올리니 가득히 찬 큰 물고기가 백쉰세 마리라 이같이 많으나 그물이 찢어지지 아니하였더라 예수께서 이르시되 와서 조반을 먹으라 하시니

순서	시기	만난 사람	장소	성경	당시 상황과 훈계 말씀
					제자들이 주님이신 줄 아는 고로 당신이 누구냐 감히 묻는 자가 없더라 예수께서 가셔서 떡을 가져다가 그들에게 주시고 생선도 그와 같이 하시니라 이것은 예수께서 죽은 자 가운데서 살아나신 후에 세 번째로 제자들에게 나타나신 것이라."
열한 번째	그 후	시몬 베드로	디베랴 호수	요한복음 21:15-23	"그들이 조반 먹은 후에 예수께서 시몬 베드로에게 이르시되 요한의 아들 시몬아 네가 이 사람들보다 나를 더 사랑하느냐 하시니 이르되 주님 그러하나이다 내가 주님을 사랑하는 줄 주님께서 아시나이다 이르시되 내 어린 양을 먹이라 하시고 또 두 번째 이르시되 요한의 아들 시몬아 네가 나를 사랑하느냐 하시니 이르되 주님 그러하나이다 내가 주님을 사랑하는 줄 주님께서 아시나이다 이르시되 내 양을 치라 하시고 세 번째 이르시되 요한의 아들 시몬아 네가 나를 사랑하느냐 하시니 주께서 세 번째 네가 나를 사랑하느냐 하시므로 베드로가 근심하여 이르되 주님 모든 것을 아시오매 내가 주님을 사랑하는 줄을 주님께서 아시나이다 예수께서 이르시되 내 양을 먹이라 내가 진실로 진실로 네게 이르노니 네가 젊어서는 스스로 띠 띠고 원하는 곳으로 다녔거니와 늙어서는 네 팔을 벌리리니 남이 네게 띠 띠우고 원하지 아니하는 곳으로 데려가리라

순서	시기	만난 사람	장소	성경	당시 상황과 훈계 말씀
					이 말씀을 하심은 베드로가 어떠한 죽음으로 하나님께 영광을 돌릴 것을 가리키심이러라 이 말씀을 하시고 베드로에게 이르시되 나를 따르라 하시니.”

사순절

• 40일간을 기념하는 절기

1) 춘분이 지나고 첫 만월 후 첫 번째 주일인 부활주일로부터 거슬러 올라가, 중간에 있는 여섯 번의 주일을 뺀 40일 동안 주님의 고난을 묵상하며 경건 훈련을 하는 기간이다.

2) 사순절의 첫날을 재의 수요일(ash wednesday)이라 부르는데, 이날에는 종려나무를 태운 재 혹은 숯으로 이마에 십자가를 그리는 풍습이 전해진다.

3) 예수님의 고난과 죽음을 통해 우리의 죄를 회개하고 우리의 고난과 죽음을 묵상함으로 경건 훈련의 기회로 삼는다.

4) 주님은 우리의 죄를 구속하시고 우리를 의롭다 하시기 위하여 부활하셨다(롬 4:25).

언약의 피(The Blood of the Covenant)

–구약(모세)과 신약(예수)의 비교

	성경	말씀	저자/ 세우신 자	언약 명	언약 장소	언약 내용
1	구약	출애굽기 19-20장	모세	옛 언약 (첫 언약)	시내 산	십계명 여호와께서 모세에게 말씀하심 -율법(육신에 속한 계명)
2	신약	마태복음 26:26-28 히브리서 5-7장	예수 그리스도	새 언약 (둘째 언약) (히 7:22)	예루살렘 최후의 만찬 시 (무교절 첫날)	예수님께서 12제자에게 말씀하심

	성경	언약 당사자	대제사장	본질적 성격	유효 기간
1-1	구약	하나님과 이스라엘	인간 하나님 의 부르심의 권위	연약, 무지, 불완전한 자 대제사장도 인간으로 죄를 갖고 있음 (히 7:18)	모세로부터 예수님의 죽음 까지

	성경	언약 당사자	대제사장	본질적 성격	유효 기간
2-1	신약	하나님과 백성	예수 그리스도 (하나님의 아들되신 하나님의 권위) (히 4:14)	무죄, 부활, 생명자 (육신에 속하지 아니하므로 죄가 없고 불멸의 생명력) (히 7:16)	예수님의 죽음으로부터 영원까지(임마누엘의 하나님) (마 28:20)

		백성들의 위치	언약행위	증인 / 증거	언약체결 장소 상황
1-2	구약	모세는 하나님이 계신 흑암으로 가까이 가고 백성은 멀리서 있었음 여호와께서 백성들의 시내 산 접근을 금지시키심	짐승을 잡아 그 피를 제단과 백성들에게 뿌림 (대속의 피) 피는 생명으로 번세와 화목세를 드림	말씀을 돌에 새김(언약궤)	산 꼭대기에 우레와 번개와 빽빽한 구름이 있고 천군 천사들의 나팔소리가 점점 크게 들리고 산에 연기가 자욱하고 온 산이 크게 진동하며 불 가운데 여호와께서 강림하심
2-2	신약	제자들이 예수님의 최후의 만찬에 초대 받았음	잔을 제자들에게 주심. 잔은 희생제물이 되신 예수님의 피임 (대속의 피)	제자들이 온 땅에 예수님을 증언, 순교를 당함 (마 28:18-20)	예수님이 십자가에서 돌아가시기 전 제자들과의 만찬 장소: 모든 제자들이 몹시 근심하였음

십계명

하나님과 이스라엘이 맺은 언약의 기초로서, 언약의 중요성은 하나님께서 그들의 하나님이 되고 그들은 하나님의 백성이 된다는 데 있다. 언약을 맺으면 여호와는 그들의 절대 주권자가 되며 율법은 그들의 삶의 행동 강령이 된다. 그러므로 언약을 지키면 복을 받고 언약을 어기면 저주를 받는다.

11

예수님의 형제들(마 13:55; 막 6:3)

1) 야고보(James)

사도, 야고보서의 저자, 초대 교회인 예루살렘 교회의 지도자.

2) 요셉(Joseph)

3) 시몬(Simon)

4) 유다(Judas)

유다서의 저자, 예수님께서 부활하신 후 신자가 됨(사도가 아님).

5) 여동생 2명

제3장

예수님의 제자 및 사도들의 사역

1. 예수님이 12제자를 세우심(마 10:2-4)
2. 사복음서의 중심 내용
3. 사도 바울(옛 이름: 사울) 및 그의 선교 여행
4. 사도 바울의 그리스도의 인격과 사역에 대한 표현
5. 그 외의 사도 및 제자
6. 신약의 초대교회
7. 신약에 등장하는 다섯 사람의 백부장
8. 예수의 12제자 최후 행적
9. 신약성경(헬라어) 27권 요약

1

예수님이 12제자를 세우심(마 10:2-4)

• 12는 이스라엘 지파에 따른 수이다.

• 예수님의 제자들은 가난하고 소박했으며, 사회문제나 독립투쟁의 역사 같은 것을 잘 알지 못하였다. 그러나 신앙적인 열정은 많았다.

• 모든 복음서가 열두 제자의 이름을 기록할 때 맨 먼저 등장하는 사람은 베드로이고, 가장 끝에 나오는 사람은 가룟 유다이다.

• 그 중 열한 제자는 갈릴리 출신이고, 가룟 유다만 가룟 출신이다.

1) 처음 부르신 제자(4명) – 베드로라 하는 시몬과 그의 형제 안드레와 세배대의 아들 야고보와 그의 형제 요한

• 시기: 예수님께서 공생애 전도 생활을 시작하신 지 얼마 지나지 않은 봄날

• 장소: 갈릴리 북쪽 호숫가의 약속된 장소

• 청중: 뜻밖에도 너무 많은 사람들이 운집
• 직업: 모두 어부
• 관계: 서로 가깝고 먼 친척 관계
• 제자 된 동기: 누가복음 5:1-11; 마태복음 4:18-22

"무리가 몰려와서 하나님의 말씀을 들을새 예수는 게네사렛 호숫가에 서서…예수께서 한 배에 오르시니 그 배는 시몬의 배라 육지에서 조금 떼기를 청하시고 앉으사 배에서 무리를 가르치시더니 말씀을 마치시고 시몬에게 이르시되 깊은 데로 가서 그물을 내려 고기를 잡으라 시몬이 대답하여 이르되 선생님 우리들이 밤이 새도록 수고하였으되 잡은 것이 없지마는 말씀에 의지하여 내가 그물을 내리리이다 하고 그렇게 하니 고기를 잡은 것이 심히 많아 그물이 찢어지는지라…시몬 베드로가 이를 보고 예수의 무릎 아래에 엎드려 이르되 주여 나를 떠나소서 나는 죄인이로소이다 하니…세베대의 아들로서 시몬의 동업자인 야고보와 요한도 놀랐음이라 예수께서 시몬에게 이르시되 무서워하지 말라 이제 후로는 네가 사람을 취하리라 하시니 그들이 배들을 육지에 대고 모든 것을 버려두고 예수를 따르니라"(눅 11:1, 3-6, 8, 10-11).

"갈릴리 해변에 다니시다가 두 형제 곧 베드로라 하는 시몬과 그의 형제 안드레가 바다에 그물 던지는 것을 보시니 그들은 어부라 말씀하시되 나를 따라오라 내가 너희를 사람을 낚는 어부가 되게 하리라 하시니 그들이 곧 그물을 버려두고 예수를 따르니라 거기서 더 가시다가 다른 두 형제 곧 세베대의 아들 야고보와 그의 형제 요한이 그의 아버지 세베대와 함께 배에서 그물 깁는 것을 보시고 부르시니 그들이 곧 배와 아버지를 버려두고 예수를 따르니라"(마 4:18-22).

① 베드로

• 12제자 중 가장 연장자이며, 수제자. 예수님을 세 번 부인한 사람(마 26:75). 베드로전 · 후서의 저자.

② 안드레

• 베드로의 동생. 원래 세례 요한의 제자(마 11:2). 5,000명의 무리에게 생선과 떡을 먹일 때 예수님께 시험을 당함(요 6:8).

③ 야고보

• 예수님의 승천 후 예루살렘 교회의 지도자가 됨. 12제자 중 제일 먼저 순교(AD 44). 베드로, 요한과 함께 예수 그리스도의 측근 세 제자.

엿새 후에 예수께서 베드로와 야고보와 그 형제 요한을 데리시고 따로 높은 산에 올라가셨더니 그들 앞에서 변형되사 그 얼굴이 해같이 빛나며 옷이 빛과 같이 희어졌더라 그때에 모세와 엘리야가 예수와 더불어 말하는 것이 그들에게 보이거늘"(마 17:1-3).

④ 요한

• 야고보의 동생. 원래는 세례 요한의 제자(마 11:2).

• 초대 그리스도 교회의 중요한 인물.

예수님의 제자 중에서 요한은 가장 젊은 편이었고, 예수님이 세상을 떠나실 때 요한에게 자기 어머니 마리아를 부탁하셨다(요 19:27). 요한이 예수님의 유언대로 어머니 마리아를 모시고 에베소(터키)에서 살았다고 전해진다.

요한복음, 요한1서, 요한2서, 요한3서, 요한계시록의 저자.

2) 두 번째 부르신 제자(2명) – 빌립, 바돌로매(나다니엘)

① 빌립

• 5,000명의 무리에게 생선과 떡을 먹일 때 예수님께 시험을 당하였다(요 6:5-6).

> "이튿날 예수께서 갈릴리로 나가려 하시다가 빌립을 만나 이르시되 나를 따르라 하시니 빌립은 안드레와 베드로와 한 동네 벳새다 사람이라"(요 1:43-44).

> "빌립이 사마리아 성에 내려가 그리스도를 백성에게 전파하니 무리가 빌립의 말도 듣고 행하는 표적도 보고 한마음으로 그가 하는 말을 따르더라"(행 8:5-6).

> "주의 사자가 빌립에게 말하여 이르되 일어나서 남쪽으로 향

하여 예루살렘에서 가사로 내려가는 길까지 가라 하니 그 길은 광야라 일어나 가서 보니 에디오피아 사람 곧 에디오피아 여왕 간다게의 모든 국고를 맡은 관리인 내시가 예배하러 예루살렘에 왔다가 돌아가는데 수레를 타고 선지자 이사야의 글을 읽더라 성령이 빌립더러 이르시되 이 수레로 가까이 나아가라 하시거늘 빌립이 달려가서 선지자 이사야의 글 읽는 것을 듣고 말하되 읽는 것을 깨닫느냐 대답하되 지도해 주는 사람이 없으니 어찌 깨달을 수 있느냐 하고 빌립을 청하여 수레에 올라 같이 앉으라 하니라…빌립이 입을 열어 이 글에서 시작하여 예수를 가르쳐 복음을 전하니…수레를 멈추고 빌립과 내시가 둘 다 물에 내려가 빌립이 세례를 베풀고"(행 8:27-38).

② **바돌로매**(나다니엘)

• 그리스도를 하나님의 아들, 이스라엘의 왕이라고 부른 첫 번째 사람이다.

"빌립이 나다나엘을 찾아 이르되 모세가 율법에 기록하였고 여러 선지자가 기록한 그이를 우리가 만났으니 요셉의 아들 나사렛 예수니라…예수께서 나다나엘이 자기에게 오는 것을 보시고 그를 가리켜 이르시되 보라 이는 참으로 이스라엘 사람이라 그 속에 간사한 것이 없도다 나다나엘이 이르되 어떻게 나를 아시나이까 예수께서 대답하여 이르시되 빌립이 너를 부르기 전에 네가 무화과나무 아래에 있을 때에 보았노라 나다나엘이 대답하되 랍비여 당신은 하나님의 아들이시요 당신은 이스라엘의 임금이로소이다"(요 1:45, 47-49).

3) 세 번째 부르신 제자 – 세리 마태

• 제1복음서인 마태복음의 저자

"예수께서 그 곳을 떠나 지나가시다가 마태라 하는 사람이 세관에 앉아 있는 것을 보시고 이르시되 나를 따르라 하시니 일어나 따르니라"(마 9:9).

4) 네 번째 부르신 제자 – 알패오의 아들 야고보(레위)

"또 지나가시다가 알패오의 아들 레위가 세관에 앉아 있는 것을 보시고 그에게 이르시되 나를 따르라 하시니 일어나 따르니라"(막 2:14).

5) 그 밖의 제자들(4명)
– 도마, 다대오(유다), 시몬(셀롯), 가룟 유다

• 성경에 자세한 기록이 없다.

① 도마

• 의심이 많고 실증주의적 성격을 가진 사람

"도마에게 이르시되 네 손가락을 이리 내밀어 내 손을 보고 네 손을 내밀어 내 옆구리에 넣어 보라 그리하여 믿음 없는 자가 되지 말고 믿는 자가 되라…예수께서 이르시되 너는 나를 본 고로 믿느냐 보지 못하고 믿는 자들은 복되도다 하시니라"(요 20:27,29).

② 다대오(유다)

• 알패오의 아들 야고보의 동생(마 10:13; 막 3:18).

③ 시몬(셀롯)

• 가나안 사람으로 적극적인 반로마 집단인 열심당(셀롯)에 속함. 애굽에 가서 전도하고 돌아와 유대에서 전도.

④ 가룟 유다

• 예수님을 은 30에 판 자.

• 열두 제자들 가운데 누구보다도 정치적 야망과 권력에 대한 집념이 강했던 인물.

• 예수님 일행의 회계 책임자.

• 공회(대제사장)에 예수님을 밀고한 자(마 26:14).

2
사복음서의 중심 내용

1) 마가복음

• 예수님의 생애: 제일 먼저 쓰인 복음서로, 학자들은 마가복음을 바탕으로 마태복음과 누가복음이 저술된 것으로 보고 있다.

2) 요한복음

• 예수님의 사상과 교훈: 가장 늦게 쓰인 복음서로, 다른 복음서에 나타나지 않는 부분들이 많이 추가되었다.

3) 마태복음

• 구약과의 관계를 소중히 취급: 예수님께서 메시아임을 구약으로 입증한 복음서로, 주로 이스라엘의 전통을 계승한 남성 중

심의 복음서이다(유대인들의 가부장 제도).

4) 누가복음

• 이스라엘이 아닌 로마 문화권의 독자를 위한 복음서: (유대적인 전통 밖에 있는 독자) 여성에 대한 관심 등을 가지고 기록. 초대 교회에 많은 여성들이 참여하였다.

사도 바울(옛 이름: 사울) 및 그의 선교 여행

1) 사도 바울은 누구인가?

"나는 팔일 만에 할례를 받고 이스라엘 족속이요 베냐민 지파요 히브리인 중의 히브리인이요 율법으로는 바리새인이요 열심으로는 교회를 박해하고 율법의 의로는 흠이 없는 자라"(빌 3:5-6).

"나는 유대인으로 길리기아 다소에서 났고 이 성에서 자라 가말리엘의 문하에서 우리 조상들의 율법의 엄한 교훈을 받았고 오늘 너희 모든 사람처럼 하나님께 대하여 열심이 있는 자라 내가 이 도를 박해하여 사람을 죽이기까지 하고 남녀를 결박하여 옥에 넘겼노니 이에 대제사장과 모든 장로들이 내 증인이라"(행 22:3-5).

"가죽 줄로 바울을 매니 바울이 곁에 서 있는 백부장더러 이르되 너희가 로마 시민 된 자를 죄도 정하지 아니하고 채찍질할 수 있느냐 하니"(행 22:25).

"만일 내가 불의를 행하여 무슨 죽을 죄를 지었으면 죽기를 사양하지 아니할 것이나 만일 이 사람들이 나를 고발하는 것이 다 사실이 아니면 아무도 나를 그들에게 내줄 수 없나이다 내가 가이사께 상소하노라 한대"(행 25:11).

2) 사울이 회개하다(행 9장)

"사울이 길을 가다가 다메섹에 가까이 이르더니 홀연히 하늘로부터 빛이 그를 둘러 비추는지라 땅에 엎드러져 들으매 소리가 있어 이르시되 사울아 사울아 네가 어찌하여 나를 박해하느냐 하시거늘 대답하되 주여 누구시니이까 이르시되 나는 네가 박해하는 예수라 너는 일어나 시내로 들어가라 네가 행할 것을 네게 이를 자가 있느니라 하시니"(3-6절).

"사울이 땅에서 일어나 눈은 떴으나 아무것도 보지 못하고 사람의 손에 끌려 다메섹으로 들어가서 사흘 동안 보지 못하고 먹지도 마시지도 아니하니라"(8-9절).

"아나니아가 대답하되 주여 이 사람에 대하여 내가 여러 사람에게 듣사온즉 그가 예루살렘에서 주의 성도에게 적지 않은 해를 끼쳤다 하더니"(13절).

"주께서 이르시되 가라 이 사람은 내 이름을 이방인과 임금들과 이스라엘 자손들에게 전하기 위하여 택한 나의 그릇이라 그가 내 이름을 위하여 얼마나 고난을 받아야 할 것을 내가 그에게 보이리라 하시니 아나니아가 떠나 그 집에 들어가서 그에게 안수하여 이르되 형제 사울아 주 곧 네가 오는 길에서 나타나셨던 예수께서 나를 보내어 너로 다시 보게 하시고 성령으로 충만하게 하신다 하니 즉시 사울의 눈에서 비늘 같은 것이 벗어져 다시 보게 된지라 일어나 세례를 받고" (15-18절).

3) 로마 사람(로마의 시민권을 가진 자)의 특권

• 당시 로마법에 따르면,
① 로마인은 조사나 재판 없이 체포, 구금되지 않는다.
② 채찍이나 고문을 받지 않는다.
③ 로마 황제의 법정에까지 상소할 수 있다.
• 바울과 실라(실루아노)는 로마의 시민권자였다.

• 로마 시민권 취득 방법
① 부모가 로마 시민일 경우 세습 가능.
 * 바울: 세습, 나는 나면서부터라(행 22:28)
② 로마 제국의 공로자로 인정된 경우 세습 가능.

③ 많은 돈을 주고 시민권을 사는 경우

* 천부장: 헬라인으로 세 번째 방법으로 취득(행 22:28).

4) 바울의 첫 번째 선교 여행(AD 46-48년경)

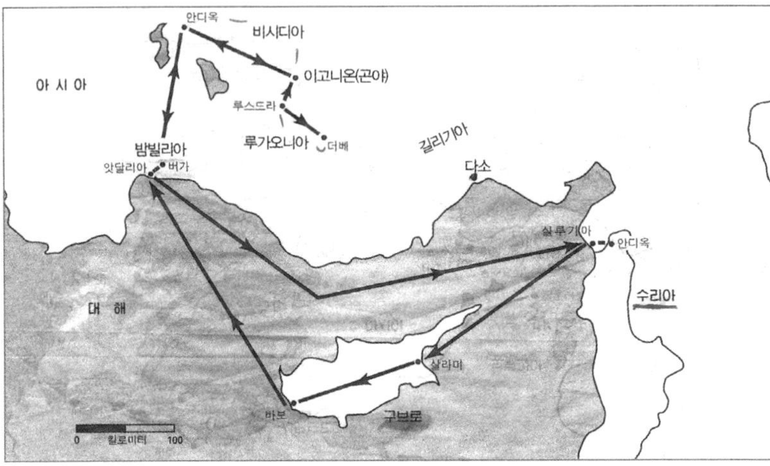

사도 바울의 1차 선교 - 현재 전 지역이 터키임.

- 예루살렘에서 수리아 안디옥(Antioch) 파송
- 선교사: 바울, 바나바, 요한(수행원: 마가)
- 선교 지역: 소아시아(터키 남서부 지역)

수리아(시리아) ········ 지중해 ········ 구브로 (사이프러스)

(지중해 연안) 안디옥 → 실루기아(항구) ········ (배) ········ 살라미 → 바보

(Saleucia) · (Salamis) · (Paphos)

파송 교회 (안디옥 교회: 최초의 이방 교회)

－요한을 수행원으로

지중해 ········ 밤빌리아 (Pamphylia) (터키) · 비시디아(터키) (Pisidia)

········ 버가 (Perga) → 안디옥 (Antioch) → 이고니온(곤야) (Icomium) →

－요한은 예루살렘으로 귀환

루가오니아(터키) (Lycaonia) · 비시디아(터키) (Pisidia)

→ 루스드라 (Lystra) → 더베 (Derbe) → 루스드라 (Lystra) → 이고니온(곤야) (Iconium) → 안디옥 (Antioch)

－바울이 유대인들에게 돌로 맞다

밤빌리아 (터키) (Pamphylia) ········ 지중해 ········ 수리아(시리아)

→ 버가 (Perga) → 앗달리아 (Atlalia) ········ (배) ········ 안디옥

① 셀레우코스 1세가 자기 아버지 안티오쿠스의 이름을 기념하기 위해 세워진 도시
② 16개 교회를 세움

5) 바울의 두 번째 선교 여행(AD 49–52년경)

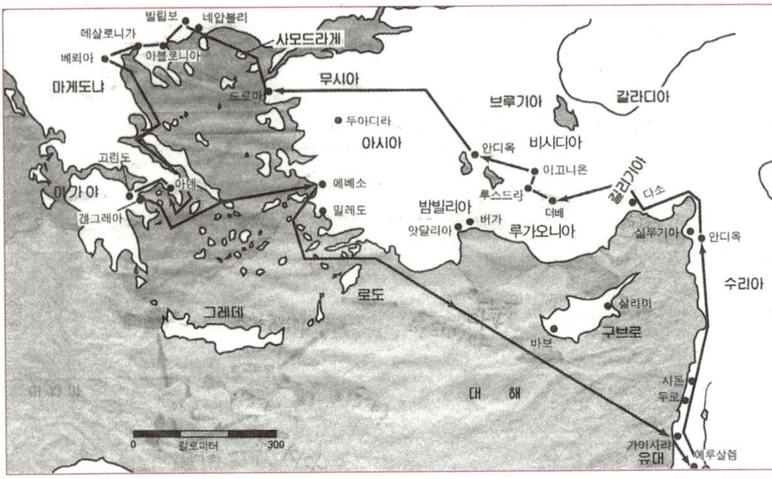

사도 바울의 2차 선교 – 빌립보, 데살로니가, 고린도(현재: 그리스), 소아시아, 수리아 안디옥(현재: 터키)

• 목적: 원래의 의도는 제1차 선교 여행 시 세웠던 소아시아(터키 서남부 지역)의 교회들을 방문하여 믿음을 굳게 하려 하였으나, 그 후 주의 영의 지시(마게도냐 환상)에 따라 유럽(그리스의 마게도냐와 아가야 지방)으로 선교

• 선교사: 바울, 실라(Silas), 디모데(Timothy), 누가(Luke)

구브로(사이프러스): 바나바, 요한(마가)

수리아(시리아)
(지중해 연안) 안디옥 →
-주의 말씀을 가르치고, 선교; 바울, 실라

길리기아(터키)
(Cilicia)
다소
(Tarsus)
지중해 항구도시
바울의 고향
→

루가오니아(터키)
(Lycaonia)
더베
(Derbe)
-디모데와 합류
(모: 유대인, 부: 헬라인)
→
루스드라
(Lystra)

→ 비시디아(터키)
(Pisidia)
이고니온
(Iconion)
→
안디옥
(Antioch)
→

(터키)
비시디아 북쪽
부르기아
(Phrygia)
→
부르기아 동쪽
갈라디아
(Galatia)
→

→ 터키 서쪽 끝
에게 해 연안
무시아
(Mysia)
→

터키
에게 해 항구
드로아
(Troas)
① 마게도냐 환상: 유럽 대륙 복음 전도
② 하나님의 강권적인 인도
③ 의사 누가 합류
⇢ (배)

(그리스)
에게 해 섬
사모드라게
(Samothrace)
⇢ (배)

마게도냐
(그리스)

⇢ 에게 해 항구(그리스)
네압볼리
(Neapolis)
→
빌립보
(Phlippi)
① 유럽 최초의 교회
② 로마의 식민지
③ 자주 옷감 장사 루디아
④ 바울, 실라 투옥, 기도, 옥문 열림
→
암비볼리
(Amphipolis)
→
아볼로니아
(Apollonia)
→

→ 데살로니가 (Thessalonica) → 베뢰아 (Berea) ---→ (배)

데살로니가 (Thessalonica)
① 생명 강론: 예수 곧 그리스도
② 데살로니가 교회 설립
③ 유대인들 소동: 실라와 디모데 잔류

베뢰아 (Berea)
– 믿는 사람이 많음

아가야(그리스) (Achaia)

---→ (배) 아덴 (Athens) → 고린도 (Corinth) → 겐그레아 (Genchrea) ---→

아덴 (Athens)
– 우상이 가득
– 예수의 부활 전도

고린도 (Corinth)
① 유대인 아굴라, 브리스길라 만남
② 고린도 교회 개척
③ 환상 중에 주의 말씀 들음 (두려워하지 말고, 침묵하지 말라)
④ 데살로니가전 · 후서 집필
⑤ 당시 우상 숭배와 물질 문명의 중심지
⑥ 1년 6개월간(AD 50–52) 고린도 체류(유스도의 집)

겐그레아 (Genchrea)
이곳에도 교회를 세우다

(터키) 에게 해 항구

---→ (배) 에베소 (Ephesus) ---→ (배) 가이사랴 (Caesarea) → 예루살렘 ---→

이스라엘

에베소 (Ephesus)
① 소아시아 지역의 중심도시
② 갈라디아서 집필
③ 바울, 아굴라와 브리스길라가 에베소 교회 목회함

가이사랴 (Caesarea)
지중해 항구 도시

예루살렘
이곳에도 교회를 세우다

6) 바울의 세 번째 선교 여행(AD 53–57년경)

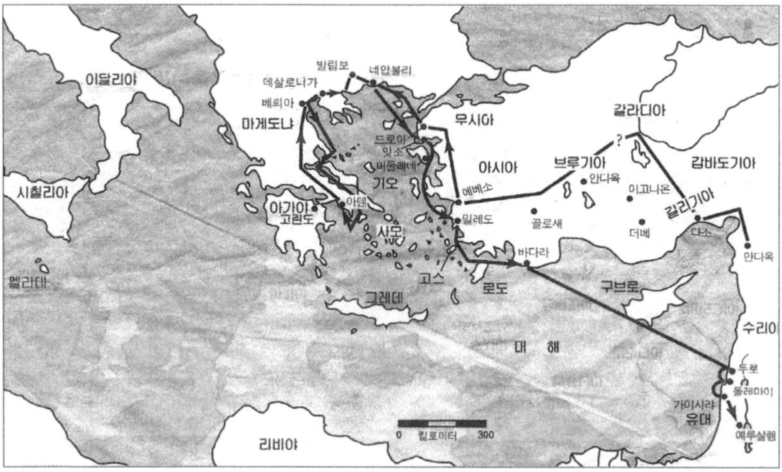

사도 바울의 3차 선교 – 빌립보, 고린도, 그레데 섬(현재: 그리스)
구브로(현재: 사이프러스)

• 목적: 제2차 선교 여행의 길을 따라 이미 세워진 교회 방문, 특별히 제2차 선교 여행 시 금지된 소아시아 지역 복음 전파

• 선교사: 바울, 디모데, 누가

수리아 (시리아) 안디옥 (지중해 연안) → 길리기아 (Cilicia)(터키) 다소 (Tarsus) 지중해 항구 → 루가오니아 (터키)(Lycaonia): 더베 (Derbe) → 루스드라 (Lystra)

→ 비시디아(터키) (Pisidia): 이고니온 (Iconium) → 안디옥 (Antioch) → 터키 서북쪽 갈라디아 (Galatia) → (터키) 비시디아 북쪽 부르기아 (Phrygia)

→ 에게 해 항구 도시(터키): 에베소 (Ephesus) → 드로아 (Troas) ······→ (배) 마게도냐(Macedonia)(그리스): 네압볼리 (Neapolis) → 빌립보 (Philippi) →

에베소:
① 약 3년간 복음 사역의 중심지
 –두란노 서원에서 강론
② 고린도전서 집필
③ 로마 복음 계획

네압볼리: 에게 해 항구도시 유럽땅

빌립보: 고린도후서 집필

마게도냐(Macedonia)(그리스): → 암비볼리 (Amphipolis) → 아볼로니아 (Apollonia) → 데살로니가 (Thessalonica) → 베뢰아 (Berea) →

아가야(Achaia) (그리스): 아덴 (Athens) → 고린도 (Gorinth) → 베뢰아 (Berea) → 마게도냐(Macedonia)(그리스): 데살로니가 (Thessalonica) → 빌립보 (Philippi) →

고린도:
① 3개월간 체류
② 로마서 집필
③ 유대인 소송:
 바울 살해 음모

에게 해 항구
(터키)

에게 해 섬
(그리스)

→ 암비볼리 (Amphipolis) ┈(배)┈→ 드로아 (Troas) → 앗소 (Assos) ┈(배)┈→ 미둘레네 (Mitylene) ┈(배)┈→ 기오 (Kios)

드로아:
① 복음 전파
② 청년 유두고 3층 낙마로 사망, 바울이 소생시킴
③ 예루살렘 교회를 위한 모금

에게 해 항구(터키)

에게 해 섬(그리스)

┈(배)┈→ 사모 (Samos) ┈(배)┈→ 밀레도 (Miletus) ┈(배)┈→ 고스 (Cos) ┈(배)┈→ 로도 (Rhodes)

밀레도:
① 에베소 교회 초청: 고별 연설
② 본인의 죽음 예고: 복음 사역 부탁

에게 해 항구
(터키)

구브로 섬
(사이프러스)

베니게(Phoenicia)
(레바논, 지중해 항구도시)

┈(배)┈→ 바다라 (Patara) ┈(배)┈ 지중해 ┈→ 두로 (Tyre) → 돌레마이 (Ptolemasis) →

두로:
① 7일간 체류
② 제자들 예루살렘 입성을 강력히 만류
③ 항해를 마침

돌레마이:
① 1박 체류
② 형제들에게 안부 전함

이스라엘(Israel)

→ 가이사랴 (Caesarea) →	예루살렘: 바울 로마 체포 (Jerusalem) ----→	로마 (Rome)
① 지중해 항구도시 ② 일곱 집사 중 하나인 전도자 빌립의 집 유숙 ③ 아가보(Agabus) 선지자 만남 –예루살렘 입성 강력히 만류 –바울: 자신의 죽음 각오	① 오랜 제자며 예루살렘 교회 창립 멤버인 구브로인 나손(Mnason)과 입성, 그의 집에 유숙 ② 도착 후 일주일이 되어 로마 군인에게 잡히다 ③ 바울이 히브리 말로 변명(defend): ㉠ 다소에서 태어난 유대인이며 로마 시민 ㉡ 가말리엘의 문하생 ㉢ 유대교 모태 신앙 → 기독교 개종 ㉣ 자신의 확고한 체험 설명 (행 22:6–21) ㉤ 이방인 사도(복음 전파)	① 2년 후(AD 59년) 체포, 로마로 압송 (제4차 선교 여행)

7) 바울의 로마 여행(네 번째 선교 여행, AD 59–61년경)

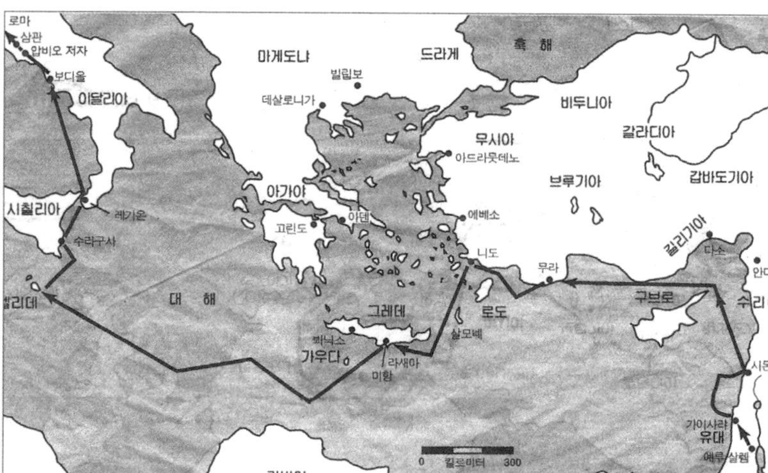

바울의 로마행 – 로마(현재: 이탈리아의 수도)

• 목적: 예루살렘에서 체포(AD 59년), 로마로 이송, 2년간 복음 전파

• 선교사: 바울, 디모데, 누가, 아리스다고

이스라엘

예루살렘 (Jerusalem) → 가이사랴 (Caesarea) ---→ 배

• 바울 체포됨 (행 24:27)
–유대인 소요죄
–성전 모독죄
–이단의 우두머리

• 지중해 항구도시 로마 황제(Caesar)에게 상소: 베스도(Festus) 총독에게 간청

베니게(레바논)

시돈 (Sidon) ---→ 배

–지중해 항구도시
–아리스다고 동행

(사이프러스)

구브로 섬 오른쪽 해안으로 돌아

–맞바람 피할 목적

---→ (배)

(터키)

갈리기아 해안 (Cilicia)

밤빌리아 지방 (Pamphylia) 앞 지중해를 건너

---→ (배)

루기아(터키) (Lycia)

무라 (Myra) →

에게 해 항구도시

(터키)

니도 (Cnidus) ---→ (배)

(그리스)

살모네(Salmone) 섬 맞은편 지중해 해상을 돌아 ---→ 배

(크레타)

지중해상의 그레데 섬(Grete) 남쪽 해안을 향해 ---→ 배

(크레타)

미항(Fair Havens) 남쪽 항구도시 라새아(Lasea) 근처

(그리스)

배 → 지중해 가우다 (Cauda) 섬 남쪽으로 돌아

-그레데 서남쪽 해상

몰타

배 → 멜리데 (Malta)

① 이탈리아 시실리 섬 동남쪽 (지중해상의 섬)
② 3개월 체류 후 (AD 60년 2월) 로마행 선박에 승선
③ 자유롭게 복음 전파(세계 복음화의 기틀 마련)
④ 최고 관리 보블리오(Publius)의 부친을 안수기도, 열병과 이질을 낫게 함

배 →

① 미항에서 멜리데까지 약 20일간 항해
② 그레데 해변 항해 중 유라굴로(Northeaster) 광풍으로 알렉산드리아로 난파됨
③ 배의 연장, 기구 및 사공의 짐(화물)을 바다에 던지고, 닻줄을 끊어 바다에 버리고 돛을 달고 바람에 맞추어 항해
④ 배가 좌초(조난): 뱃머리(이물), 배꼬리(고물) 파기됨
⑤ 배의 널조각, 배의 물건들에 의지하여 몇 명씩 육지로 구조됨(전부 276명)- 멜리데 섬
⑥ 위급한 조난 사고 시 참된 신앙인인 바울의 침착한 행동으로 하나님의 인도하심을 받았음

시실리아 섬 (이탈리아)

(배) → 수라구사 (Syracuse)

지중해 동남쪽 항구도시
-3일간 체류

이탈리아(Italy) 본토

(배) → 레기온 (Rhegium)

- 이탈리아 최남단 항구도시(지중해)
- 1일간 체류

(배) → 보디올 (Puteoli)

- 중서부 항구 도시
- 7일간 체류
- 일찍부터 그리스도인들 있었음[3년 전 AD 57년경 로마 성도와 교회에 고린도에서 서신(로마서)을 보냈다]

→ 로마(Rome)

- AD 60년 2월 말경 도착
- 2년간 복음 전파
- 옥중서신(에베소서, 빌립보서, 골로새서, 빌레몬서 집필
- 함께한 사람들(9명): 디모데, 누가, 두기고, 마가, 데마, 에바브로 디도, 아리스다고, 에바브라, 오네시모

모든 그리스도인의 사명: 사도행전 29장 쓰기

(사도바울의 선교여행 계승할 일)

8) 바울이 로마에 2년간 머물며, 복음 전파에 함께한 사람들

- 바울의 로마 감옥 투옥 기간: 약 2년(AD 61년 겨울 - AD 63년경)
- 바울은 옥중서신 4편을 그 기간에 썼다: 빌립보서(AD 62년경), 골로새서(AD 62년경), 빌레몬서(AD 62년경), 에베소서(AD 62년경)

① 마가(Mark)

• 바울의 제1차 전도 여행(AD 45년경)은 바울과 바나바, 마가는 수행원으로 함께 했다.

> "나와 함께 갇힌 아리스다고와 바나바의 생질 마가와(이 마가에 대하여 너희가 명을 받았으매 그가 이르거든 영접하라)"(골 4:10)

② 아리스다고(Aristarchus)

• 데살로니가 사람, 바울이 로마로 압송 시 같은 배에 승선하였다(행 27:2).

> "나와 함께 갇힌 아리스다고와 바나바의 생질 마가와 (이 마가에 대하여 너희가 명을 받았으매 그가 이르거든 영접하라)"(골 4:10).

③ 의사 누가(Luke)

• 바울의 충실한 동역자, 누가복음과 사도행전의 저자. 바울의 제2차 전도 여행 도중 누가는 드로아에서 바울을 만나 실라,

디모데와 함께 했다. 제3차와 제4차 전도 여행에도 바울은 디모데, 누가와 함께 하였다.

"사랑을 받는 의사 누가와 또 데마가 너희에게 문안하느니라"(골 4:14).

④ 데마(Demas)

"사랑을 받는 의사 누가와 또 데마가 너희에게 문안하느니라"(골 4:14).

⑤ 오네시모(Oneimus)

• 한때 빌레몬의 노예였으나 그의 집에서 도망하여 로마로 건너갔다. 그는 로마에서 바울을 만나 그의 전도로 신자가 되었다.

"신실하고 사랑을 받는 형제 오네시모를 함께 보내노니 그는 너희에게서 온 사람이라 그들이 여기 일을 다 너희에게 알려 주리라"(골 4:9).

⑥ 에바브라(Epaphras)

• 골로새 교회의 설립자

"그리스도 예수의 종인 너희에게서 온 에바브라가 너희에게 문안하느니라 그가 항상 너희를 위하여 애써 기도하여 너희로 하나님의 모든 뜻 가운데서 완전하고 확신 있게 서기를 구하나니"(골 4:12).

⑦ **디모데**(Timothy)

• 더베 인으로 빌립보 교회의 대표

• 바울에게 헌금 전달 등 교회 안에서 봉사함

• 바울의 제2차, 3차, 4차 선교 여행에 참여함

• 바울이 '나의 사랑하는 아들'이라 칭한 사람

"내가 디모데를 속히 너희에게 보내기를 주 안에서 바람은 너희의 사정을 앎으로 안위를 받으려 함이니"(빌 2:19).

⑧ **에바브로디도**(Epaphroditus)

• 바울이 교회 봉사 등으로 병들게 된 디모데 대신 에바브로디도를 빌립보 교회로 보내면서 빌립보서를 기록하였다.

"그러나 에바브로디도를 너희에게 보내는 것이 필요한 줄로 생각하노니 그는 나의 형제요 함께 수고하고 함께 군사 된 자요 너희 사자로 내가 쓸 것을 돕는 자라"(빌 2:25).

⑨ **두기고**(Tychicus)

• 두기고와 오네시모는 바울의 편지(서신), 곧 골로새서, 빌레몬서, 에베소서 등을 각 교회로 다니면서 전달하였다.

"나의 사정 곧 내가 무엇을 하는지 너희에게도 알리려 하노니 사랑을 받은 형제요 주 안에서 진실한 일꾼인 두기고가 모든 일을 너희에게 알리리라"(엡 6:21).

9) 사도 바울이 투옥된 장소

① 빌립보

"많이 친 후에 옥에 가두고 간수에게 명하여 든든히 지키라 하니"(행 16:23).

② 예루살렘

"이에 천부장이 가까이 가서 바울을 잡아 두 쇠사슬로 결박하라 명하고 그가 누구이며 그가 무슨 일을 하였느냐 물으니"(행 21:33).

③ 가이사랴

"그 죄목도 밝히지 아니하고 죄수를 보내는 것이 무리한 일인 줄 아나이다 하였더라"(행 25:27)

④ 로마

"우리가 로마에 들어가니 바울에게는 자기를 지키는 한 군인과 함께 따로 있게 허락하더라"(행 28:16).

• 바울은 AD 58년경 예루살렘에서 체포되어 로마로 이송된 후 AD 67년경 로마 옥중에서 순교하였다.

4

사도 바울의 그리스도의 인격과 사역에 대한 표현

1) 그리스도는 하나님의 형상

"그는 보이지 아니하는 하나님의 형상이시요 모든 피조물보다 먼저 나신 이시니"(골 1:15).

2) 그리스도는 만물을 지으신 창조주

"만물이 그에게서 창조되되 하늘과 땅에서 보이는 것들과 보이지 않는 것들과 혹은 왕권들이나 주권들이나 통치자들이나 권세들이나 만물이 다 그로 말미암고 그를 위하여 창조되었고"(골 1:16).

3) 그리스도는 교회의 머리

"그는 몸인 교회의 머리시라 그가 근본이시요 죽은 자들 가운데서 먼저 나신 이시니 이는 친히 만물의 으뜸이 되려 하심이요"(골 1:18).

4) 그리스도는 하나님의 충만한 신성을 몸에 지닌 분

"아버지께서는 모든 충만으로 예수 안에 거하게 하시고"(골 1:19).

5) 그리스도는 하나님과 인간을 화해시키는 유일한 중보자

"그의 십자가의 피로 화평을 이루사 만물 곧 땅에 있는 것들이나 하늘에 있는 것들이 그로 말미암아 자기와 화목하게 되기를 기뻐하심이라"(골 1:20).

• 따라서 그리스도인은 그리스도 안에서 새로운 피조물이 되어 하나님의 성품을 닮아가며, 모든 일을 주의 영광을 위하여 해야 한다.

5

그 외의 사도 및 제자

1) 마가(마가복음의 저자)

① 예수님께서 잡히시기 전날 밤 제자들과의 최후 만찬을 베푸신 2층 집(예루살렘 성전 울타리 밖) '마가의 다락방'의 소유자

② 초창기 예루살렘 교회에 널리 알려진 인물임을 암시

③ 마가의 모친(마리아)이 유산으로 물려받은 집과 재산 관리

④ 모친은 직·간접적으로 예수님을 잘 알고 있었으며, 돈독한 신앙을 가지고 있었다.

⑤ 따라서 예수님의 일행을 위한 만찬 준비에 정성을 다했을 것이다.

⑥ 그때 마가는 어린 소년이었을 것으며, 모친을 통하여 예수님에 대하여 항상 들어왔을 것이다.

⑦ 가룟 유다가 이끄는 무리들에 의해 예수님께서 붙잡히시고, 제자들이 뿔뿔이 흩어져 도망친 사건을 마가는 두려운 마음

으로 지켜보고 있었다.

⑧ 한 청년(마가로 추측)이 예수님을 따라가다가 무리에게 잡히매 그들 손에 잡힌 잠옷을 벗어 버리고 벗은 몸으로 도망하였다(막 14:51-52).

⑨ 그 후 마가는 예루살렘에서 유대의 전통을 따르는 교육을 마쳤을 것이고, 로마까지 가서 세계 문물을 보며 폭넓은 교육을 받았을 것으로 추정된다(가정이 경제적으로 넉넉했던 것 같다).

⑩ 이러한 과정 속에서도 마가의 마음속에는 예수님에 대한 믿음이 사라지지 않았다.

⑪ 마가는 다시 예루살렘과 안디옥에 머물면서 신도들의 촉망을 받는 젊은 일꾼이 되었다.

⑫ 바울과 베드로의 조력자로 일했다.

• 바울의 제1차 선교 여행 시 마가는 바울과 바나바의 수행원으로 함께했다.

• 바울의 제2차 선교 여행 시 안디옥에서 바울과 바나바가 "마가라 하는 요한 때문에 언쟁"을 벌였고, 그로 인하여 바나바는 바울을 떠나 마가를 데리고 배를 타고 구브로로 갔다고 기록되어 있다.

• 후일에 마가는 교회에서 선택을 받아 베드로의 비서(제자)로 일하게 되어 베드로는 그를 아들이라 불렀다.

• 갈릴리의 어부였던 예수님의 늙은 수제자 베드로를 섬기는 동안 마가는 직접 만난 일이 없는 예수님의 이야기를 그를 통하여 듣고, 틈틈이 예수님의 행적과 교훈을 기록하였다.

2) 바나바(Barnabas)

① "구브로에서 난 레위족 사람이 있으니 이름은 요셉이라 사도들이 일컬어 바나바라 (번역하면 위로의 아들이라) 하니 그가 밭이 있으매 팔아 그 값을 가지고 사도들의 발 앞에 두니라"(행 4:36-37).

② 바나바는 성령 충만한 사람이요, 착한 사람이요, 자비로운 사람이었다. 그래서 바나바의 소개로 사울도 인정받는 사람이 되었고 사도 바울이 되었다.

③ 그 후 안디옥 교회가 설립되었을 때 예루살렘 교회가 바나바를 안디옥 교회에 파송하여(행 11:22) 안디옥 교회가 크게 부흥하였다(행 11:24).

④ 바나바가 사울을 찾으러 다소에 가서 그를 만나 안디옥에 데리고 온 후 1년간 두 사람이 안디옥 교회에서 예수님께서 그리스도인 것을 가르쳤다(행 11:26).

⑤ 그 후에 안디옥 교회에서 바울과 바나바를 선교사로 이방에(구브로, 살라미, 비시디아 안디옥, 이고니온, 루스드라, 더베 등) 파송하였다(행 13장).

⑥ AD 45년경 사도 바울의 제1차 선교 여행

- 선교 지역: 소아시아(터키 남서부 지역)
- 선교사: 바울, 바나바, 요한(수행원: 마가)

⑦ AD 49-52년경 사도 바울의 제2차 선교 여행 시 안디옥에서 바울과 바나바가 마가라 하는 요한 때문에 언쟁을 벌였고, 그로 인하여 바나바는 바울을 떠나 마가를 데리고 배를 타고 구브로로 갔다(행 15:39).

3) 실라(Silas)

① 실라와 디모데는 바울의 제2차 선교 여행의 동반자였다(고후 1:9; 살전 1:1; 살후 1:1).

② 실루아노라는 라틴어 이름으로 더 알려져 있고, 로마의 시민권자로 베드로전서의 서기였다(벧전 5:12).

③ 예루살렘 교회의 덕망 있는 지도자 중 한 사람으로, 예루살렘 교회 총회의 결의에 따라 바울과 같이 안디옥 교회에 파송했다(행 15:22).

④ 빌립보에서는 바울과 함께 옥에 갇히기도 했다(행 16:19-40).

⑤ 바울이 아덴을 떠나 고린도에 머물 때 실라와 디모데가 마게도냐로부터 내려와 동역하였다(행 18:5).

⑥ 베드로의 서신을 소아시아 교인들에게 전달했다.

신약의 초대교회

1) 가정 교회

• 초대교회는 건물이 따로 없어서 일반 가정에 모여 예배를 드리는 가정 교회가 대부분이었다.

① 마리아의 집(행 12:12)

"마가라 하는 요한의 어머니 마리아의 집에 가니 여러 사람이 거기에 모여 기도하고 있더라."

② 루디아의 집(행 16:40)

"두 사람이 옥에서 나와 루디아의 집에 들어가서 형제들을 만나 보고 위로하고 가니라."

• 루디아는 개종한 이방 여자로서 그녀의 집은 빌립보 교인들

의 회합 장소였다.

• 두 사람: 바울과 실라

• 옥: 빌립보 감옥

③ 아굴라와 브리스길라 부부의 집(고전 16:19)

• 바울은 로마를 떠나 고린도에 온 유대인 아굴라와 그의 아내 브리스길라와 같은 믿음의 동역자를 만났다.

"아시아의 교회들이 너희에게 문안하고 아굴라와 브리스가와 그 집에 있는 교회가 주 안에서 너희에게 간절히 문안하고"(고전 16:19).

"바울은 더 여러 날 머물다가 형제들과 작별하고 배 타고 수리아로 떠나갈새 브리스길라와 아굴라도 함께하더라"(행 18:18).

"알렉산드리아에서 난 아볼로라 하는 유대인이 에베소에 이르니 이 사람은 언변이 좋고 성경에 능통한 자라 그가 일찍이 주의 도를 배워 열심으로 예수에 관한 것을 자세히 말하며 가르치나 요한의 세례만 알 따름이라 그가 회당에서 담대히 말하기 시작하거늘 브리스길라와 아굴라가 듣고 데려다가 하나님의 도를 더 정확하게 풀어 이르더라"(행 18:24-26).

④ 빌레몬의 집

• 빌레몬(Philemon)은 빌레몬서의 수신인이다. 그는 골로새 교회의 중요한 인물이며, 신자들은 빌레몬의 집에서 정기적으로 예배를 드렸다.

• 사도 바울의 전도로 예수님을 믿게 되었고 그의 가족들도 신앙을 갖게 되었다.

> "그리스도 예수를 위하여 갇힌 자 된 바울과 및 형제 디모데는 우리의 사랑을 받는 자요 동역자인 빌레몬과 자매 압비아와 우리와 함께 병사 된 아킵보와 네 집에 있는 교회에 편지하노니"(빌 1:1-2).

2) 고린도(Corinth) 교회

① 고린도 시는 그리스 남부 아가야(Achaia) 지방에 위치한다. BC 7세기경에는 '전 헬라인의 빛'이라는 별명이 붙을 정도로 그리스의 대표적 도시이다. BC 2세기 중반 로마가 고린도의 번영을 질투하여 도시를 파괴했던 것을 BC 46년경 시저(Julius Caesar)가 식민 도시로 재건하였다. 그 후 급속히 상업도시로 발전하여 인구 60만 명이나 되는 대도시가 되었고, 당시 우상 숭배와 물질문명의 중심지였다. 이곳에 사도 바울의 흔적인 '바울 기념교회'가 있다.

② 고린도 교회는 사도 바울이 제2차 선교 여행 시 개척한 교회이다.

③ 바울은 로마를 떠나 고린도에 온 유대인 아굴라와 그의 아내 브리스길라와 같은 믿음의 동역자를 만나(행 18:2) 고린도에서

1년 6개월을 머물며 안식일마다 회당에서 강론하고 유대인과 헬라인을 권면하고 말씀을 전하였다(행 18:14).

"실라와 디모데가 마게도냐로부터 내려오매 바울이 하나님의 말씀에 붙잡혀 유대인들에게 예수는 그리스도라 밝히 증언하니"(행 18:5).

"또 회당장 그리스보가 온 집안과 더불어 주를 믿으며 수많은 고린도 사람도 듣고 믿어 세례를 받더라"(행 18:8).

"밤에 주께서 환상 가운데 바울에게 말씀하시되 두려워하지 말며 침묵하지 말고 말하라"(행 18:9).

④ 바울은 고린도에서 데살로니가전 · 후서를 기록하여(AD 51-53년경) 이를 디모데를 시켜 데살로니가에 전하였다.

"갈리오가 아가야 총독 되었을 때에 유대인이 일제히 일어나 바울을 대적하여 법정으로 데리고 가서"(행 18:12)

⑤ 갈리오는 '이 일은 너희의 법에 관한 문제이므로 나는 관계하지 않겠노라'며 무리들을 쫓았다(행 18:14-15).

3) 안디옥(Antioch) 교회

① 안디옥은 수리아(시리아)의 지중해에 위치한 해안 도시이다.

② 안디옥 교회는 스데반(Stephen) 집사의 순교의 열매이다. 그는 예수님께서 그리스도이신 것을 전파하다가 반대자의 돌에 맞아 순교하였다. 그로 인해 예루살렘 교회에 큰 핍박이 일어나서 성도들은 이를 피하여 유대와 사마리아로 흩어졌다. 베니게로 가서 전도하여 베니게 교회가, 구브로로 가서 구브로 교회가, 안디옥으로 가서 안디옥 교회가 세워졌다

③ 이 교회는 바울이나 베드로 혹은 다른 사도들의 활동 없이 무명의 그리스도인들에 의하여 세워진 최초의 이방 교회이다. 초기에는 유대인들에게만 복음을 전하다가 점차 헬라인들에게도 복음을 전하여 큰 결실을 얻게 되었다. 그 결과 안디옥 교회가 이방 선교의 중심지가 되었다.

④ 바나바가 다소에 가서 바울을 안디옥에 데리고 와서 1년간 교회에서 함께 가르쳤고, 제자들이 안디옥에서 비로소 그리스도인이라 일컬음을 받게 되었다(행 11:26).

* 다소: 터키 길리기아 지방의 지중해 항구도시로 사울의 고향

⑤ 안디옥 교회의 공동 목회 5인

> "안디옥 교회에 선지자들과 교사들이 있으니 곧 바나바와 니게르라 하는 시므온과 구레네 사람 루기오와 분봉 왕 헤롯의 젖동생 마나엔과 및 사울이라"(행 13:1).

4) 갈라디아(Galatia) 지방의 여러 교회

• 바울의 제1차 전도 여행 시 사도 바나바(The apostle Banabas) 등이 동역자와 설립한 교회이다.

① 비시디아(Pisidia) 안디옥 교회

② 이고니온(Lconium) 교회

③ 루스드라(Lystra) 교회

④ 더베(Derbe) 교회

5) 아시아 교회들(벧전 1:1)

"예수 그리스도의 사도 베드로는 본도, 갈라디아, 갑바도기아, 아시아와 비두니아에 흩어진 나그네(모든 그리스도인들)"

① 개요

• 에베소를 중심으로 에게 해 연안 지방에 위치하며

• 바울의 제2차 전도 여행 때 소아시아 지역(현재의 터키 서남부)에 세웠던 교회들

- 대부분이 이방인 그리스도인들이다.

② 에베소 등 일곱 교회(AD 52년경)

• 에베소(Ephesus): 소아시아 서쪽 해안에 위치한 최대의 무역항

• 서머나(Smyrna)

• 버가모(Pergamum): 소아시아에서 우상 숭배가 가장 성행한 곳

• 두아디라(Thyatira)

• 사데(Sardis)

• 빌라델비아(Philadelphia)

• 라오디게아(Laodicea)

* 일곱 교회는 타원형으로 연결되어 있다

(일곱 교회는 기독교 역사 속의 모든 교회를 의미한다).

6) 빌립보(Philippi) 교회

• 마게도냐 동쪽 지방에 위치한 중요한 성읍이며, 알렉산더 대제의 아버지 필립의 이름을 따서 명명한 로마의 식민지 도시였다.

• 빌립보 교회는 사도 바울이 제2차 선교 여행 시 유럽 땅에 최초로 세워진 교회이다.

• 사도 바울은 AD 52년경 제2차 선교 여행 중 소아시아의 드로아(Troas)에서 마게도냐 사람의 환상을 보고, 유럽에 복음을 전하는 것이 하나님의 뜻임을 확신하여 빌립보로 들어갔다(행 16:9-10).

• 사도행전 16장 14절 이하에서, 하나님께서 서둘러 루디아라는 여인을 만나게 하시고, 그 가정이 복음화 되게 하심으로 바울이 그의 도움으로 교회를 개척하여 빌립보 교회가 생겨났다.

• 빌립보 교회는 사도 바울을 하나님의 사자로 100% 인정했고, 그의 지도를 받으며 순종하고 따랐던 교회이다.

• 빌립보 교회는 바울이 옥에 갇혀 있었을 때에도 계속해서 적극적으로 금식기도까지 했고, 에바브로디도를 통해 전달된 선교헌금으로 전 세계로 복음을 증거하는 일이 중단되지 않도록 사

역을 도왔다.

"나의 하나님이 그리스도 예수 안에서 영광 가운데 그 풍성한 대로 너희 모든 쓸 것을 채우시리라"(빌 4:19).

7

신약에 등장하는 다섯 사람의 백부장

1) 자기의 종이 병들어 죽게 되었을 때 예수님을 찾아온 가버나움의 백부장

"예수께서 백부장에게 이르시되 가라 네 믿음대로 될지어다 하시니 그 즉시 하인이 나으니라"(마 8:13).

2) 가이사랴에 고넬료라 하는 이달리야 부대의 백부장

"그가 경건하여 온 집안과 더불어 하나님을 경외하며 백성을 많이 구제하고 하나님께 항상 기도하더니 하루는 제 구시쯤 되어 환상 중에 밝히 보매 하나님의 사자가 들어와 이르되 고넬료야 하니 고넬료가 주목하여 보고 두려워 이르되 주여 무슨 일이니이까 천사가 이르되 네 기도와 구제가 하나님 앞에 상달되어 기억하신 바가 되었으니"(행 10:2-4).

3) 바울과 다른 죄수 몇 사람을 로마로 호송하는 책임을 맡았던 백부장 율리오

"우리가 배를 타고 이달리야에 가기로 작정되매 바울과 다른 죄수 몇 사람을 아구스도대의 백부장 율리오란 사람에게 맡기니…이튿날 시돈에 대니 율리오가 바울을 친절히 대하여 친구들에게 가서 대접 받기를 허락하더니"(행 27:1, 3).

4) 예루살렘에 주재하며 치안 유지에 힘썼던 백부장

"가죽 줄로 바울을 매니 바울이 곁에 서 있는 백부장더러 이르되 너희가 로마 시민 된 자를 죄도 정하지 아니하고 채찍질할 수 있느냐 하니 백부장이 듣고 가서 천부장에게 전하여 이르되 어찌하려 하느냐 이는 로마 시민이라 하니"(행 22:25-26).

5) 신약에 마지막으로 등장하는, 예수님의 십자가 곁에서 로마 병사들을 지휘한 백부장

"백부장과 및 함께 예수를 지키던 자들이 지진과 그 일어난 일들을 보고 심히 두려워하여 이르되 이는 진실로 하나님의 아들이었도다 하더라"(마 27:54).

천부장(Military Tribune)

• 천부장(호민관, 지역 사령관)은 로마 제국에서 부하들을 지휘하는 장교인데, 실제로는 700~1,000명을 지휘했다.

• 군사적인 문제를 처리하거나 시민들을 위해 일했던 관리로서 로마에서 가장 강력한 권한을 가진 직책에 속하였다.

• 신약에는 바울을 예루살렘에서 가이사랴까지 이동시켰던 책임자 글라우디오 루시아 천부장이 등장한다(행 23:26).

"이 사람이 유대인들에게 잡혀 죽게 된 것을 내가 로마 사람인 줄 들어 알고 군대를 거느리고 가서 구원하여다가"(행 23:27).

8

예수의 12제자 최후 행적

대부분 예수님의 뒤를 따라 순교의 길을 택하였다.

1) **베드로**: AD 68년경 기독교를 박해한 네로 황제 치하에 로마에서 순교

2) **안드레**: 그리스 파트라스에서 십자가에 달려 순교

3) **야고보**: 예루살렘 교회 책임자로 있다가 헤롯 아그립바 1세의 칼에 살해당함(행 12:2)

4) **요한**: AD 100년 에베소에서 94세에 하나님의 부르심을 받음, 사도들 중 유일하게 순교하지 않고 편안하게 임종함

5) **빌립**: 소아시아 브르기아 전도 여행 시 기둥에 달려 순교

6) 바돌로매(나다니엘): 아르메니아 전도 여행 시 거꾸로 십자가 형 순교

7) 마태: 에티오피아 전도 여행 시 살해됨

8) 도마: 파트리아, 인도 등지에 전도 여행 시 창에 찔려 순교

9) 알패오의 아들 야고보(레위): 성전 꼭대기에서 떨어뜨려져 순교

10) 다대오(유다): 파사에 전도 여행 시 활에 맞아 순교

11) 시몬: 유대에 돌아와 전도하다가 십자가 형 순교

12) 가룟 유다: 예수님이 십자가에 돌아가시기 2일 전 자살함

13) 맛디아: 자살한 가룟 유다 대신 선출된 사도(행 1:23-26)로서 에티오피아 전도 여행 시 돌에 맞아 순교

신약성경(헬라어) 27권 요약

	구분	권수	성경	저자	기록 연도	기록 장소	장수	비고
1	복음서	4	마태복음	마태	AD 50년대 후반경-70년	안디옥	28	
			마가복음	마가	AD 65-70년	로마	16	공관복음
			누가복음	누가	AD 61-63년	가이사랴나 로마	24	
			요한복음	요한	AD 80-90년	에베소	21	
2	역사서	1	사도행전	누가	AD 61-63년	가이사랴나 로마	28	
3	서신서	21	로마서	사도 바울	AD 57년경	고린도	16	
			고린도전서	사도 바울	AD 55년경	에베소	16	
			고린도후서	사도 바울	AD 55년 가을이나 56년 봄	마게도냐	13	
			갈라디아서	사도 바울	AD 48-49년 또는 55-56년	안디옥이나 에베소	6	
			에베소서	사도 바울	AD 61년 봄 -63년경	로마 감옥	6	

	구분	권수	성경	저자	기록 연도	기록 장소	장수	비고
3	서신서	21	빌립보서	사도 바울	AD 60-62년경	로마 감옥	4	
			골로새서	사도 바울	AD 62년경	로마 감옥	4	
			데살로니가전서	사도 바울	AD 51-53년경	고린도	5	
			데살로니가후서	사도 바울	AD 51-53년경	고린도	3	
			디모데전서	사도 바울	AD 62년경	빌립보	6	
			디모데후서	사도 바울	AD 66-67년경	로마 감옥	4	
			디도서	사도 바울	AD 63-65년경	그리스 또는 마게도냐	3	
			빌레몬서	사도 바울	AD 60-62년경	로마	1	
			히브리서	미상	AD 64-67년경	로마일 가능성	13	
			야고보서	야고보(예수님 동생)	AD 45-49 또는 60년경	예루살렘	5	
			베드로전서	베드로	AD 64-65년경	로마 또는 바벨론	5	
			베드로후서	베드로	AD 64-65년경	로마 또는 바벨론	3	
			요한일서	사도 요한	AD 85-96년	에베소	5	
			요한이서	사도 요한	AD 85-96년	에베소	1	
			요한삼서	사도 요한	AD 85-96년	에베소	1	
			유다서	유다(야고보의 형제)	AD 60-80년	미상	1	

	구분	권수	성경	저자	기록 연도	기록 장소	장수	비고
4	예언서	1	요한 계시록	사도 요한	AD 90-96년	밧모 섬	22	
	신약 성경 (8명)	27권	대략적인 완성 연도: 주후(AD) 100년경, 사도 요한 사망					
	신·구 약성경	66권	(기자: 36명)					1,189장
								(31,102절)

제4장

그리스도인의 삶(믿음)

1. 그리스도인의 생활 원리
2. 찬양해야 할 이유
3. 기도(Prayer)의 능력
4. 감사의 기도
5. 예수님 안에 거함
6. 예수님의 이름으로 기도하기
7. 육신에 속한 자와 육에 속한 자
8. 지혜와 지식의 말씀
9. 옛 사람과 새사람, 속사람과 겉사람
10. 의의 면류관(the crown of righteousness)
11. 율법의 기능과 가치
12. 예수님의 비유
13. 성도의 생활에 중요한 성구
14. 유대교의 4대 종파
15. 사람에 대한 성경의 비유

그리스도인의 생활 원리

• 그리스도인은 하나님의 아들 예수 그리스도께서 나를 위해 십자가에서 죽으시고 부활하사 다시 오실 주님이심을 믿는 믿음의 사람들이다.

1) 하나님의 창조하심을 믿고, 창조론적 세계관과 인간관(인생관)을 가져야 한다(창 1:1).

2) 하나님의 성품(예수님의 성품)을 닮아 가야 한다(마 5:48; 엡 5:1; 롬 8:29; 갈 4:19).

3) 그리스도 안에서 새로운 피조물이 되어야 한다(고후 5:17).

4) 육신의 본능적인 죄성을 죽여야 한다(골 3:5; 롬 6:13; 갈 5:24).

5) 무엇을 하든지 주 예수님의 이름으로 하고 하나님께 감사해야 한다(골 3:17).

6) 먹든지 마시든지 무엇을 하든지 다 하나님의 영광을 위하여 해야 한다(고전 10:31).

찬양해야 할 이유

1) 우리(성도)는 하나님을 찬송하도록 지으심을 받았다(사 43:21).

2) 우리(성도)에게 찬양하라 명하셨다(시 149:1, 3, 150:1-6).

3) 하나님은 우리(성도)의 찬송 중에 계신다(시 22:3).

4) 찬양은 우리(성도)가 하나님께 드리는 제사(예배)이다(히 13:15).

5) 찬양은 우리(성도)가 드릴 마땅한 신행이다(시 33:1).

6) 하나님은 영원히 찬양 받으실 분이시다(롬 1:25).

7) 하나님은 우리(성도)가 종일토록 찬송드릴 분이시다(시 35:28).

8) 즐거워하는 자는 찬양드려야 한다(약 5:13).

9) 전쟁과 같은 위험한 때에도 감사 찬송 드려야 한다(대하 20:15, 21, 22).

10) 온 몸으로 춤추며, 온갖 악기로 찬양드려야 한다(시 47:1, 150:3-5).

11) 성소와 온 천지 창조세계에서 찬송이 가득하게 해야 한다(시 150:1; 합 3:3).

12) 호흡이 있는 자마다 찬양드려야 한다(시 150:6).

기도(Prayer)의 능력

1) 고난을 이길 힘을 얻게 되고
2) 하나님의 위로를 경험하고
3) 마음의 평강을 얻게 되며
4) 하나님의 인도하심과
5) 하나님의 특별하신 역사와 임재하심을 경험하게 된다.

감사의 기도

1) 감사는 기적을 창조한다.

2) 감사는 큰 복을 가져다준다.

3) 감사는 은혜 받을 마음을 갖게 한다.

4) 감사는 지혜를 준다.

5) 감사는 인생을 긍정적으로 살아갈 수 있게 한다.

6) 감사는 환경을 변화시킬 수 있다.

7) 감사는 자족하는 마음을 갖게 한다.

5

예수님 안에 거함

• 예수님과 영적인 연합을 계속 유지하며 사는 것, 즉 예수님을 언제나 의지하고 그의 말씀대로 사는 것을 말한다.

"너희가 내 안에 거하고 내 말이 너희 안에 거하면 무엇이든지 원하는 대로 구하라 그리하면 이루리라"(요 15:7).

예수님의 이름으로 기도하기

• 예수님의 공로와 중재에 의지하여 예수님의 성품과 인격에 합당하게 예수님과 교제하면서 기도함을 의미한다.

"너희가 내 이름으로 무엇을 구하든지 내가 행하리니 이는 아버지로 하여금 아들로 말미암아 영광을 받으시게 하려 함이라 내 이름으로 무엇이든지 내게 구하면 내가 행하리라"(요 14:13-14).

7

육신에 속한 자와 육에 속한 자

1) 육신에 속한 자

구원은 받았으나 아직도 신앙의 지식과 체험에서 성숙하지 못하고 육신의 뜻을 따라 살아가는 신자를 의미한다.

> "형제들아 내가 신령한 자들을 대함과 같이 너희에게 말할 수 없어서 육신에 속한 자 곧 그리스도 안에서 어린아이들을 대함과 같이 하노라"(고전 3:1).

2) 육에 속한 자

하나님을 믿지 않는 자연인을 가리킨다. 그는 성령을 소유하지 못했기 때문에 하나님의 진리를 깨달을 수 없다.

"육에 속한 사람은 하나님의 성령의 일들을 받지 아니하나니 이는 그것들이 그에게는 어리석게 보임이요, 또 그는 그것들을 알 수도 없나니 그러한 일은 영적으로 분별되기 때문이라"(고전 2:14).

8

지혜와 지식의 말씀

1) 지혜의 말씀(the message of wisdom)

• 하나님의 뜻을 분별하는 통찰력을 의미한다.

2) 지식의 말씀(the message of knowledge)

• 기독교의 진리를 올바르게 알고 가르칠 수 있는 능력을 의미한다.

"어떤 사람에게는 성령으로 말미암아 지혜의 말씀을, 어떤 사람에게는 같은 성령을 따라 지식의 말씀을"(고전 12:8).

9

옛 사람과 새사람, 속사람과 겉사람

1) 옛사람(old self): 그리스도인이 되기 이전에 거듭나지 못한 자아

"너희는 유혹의 욕심을 따라 썩어져 가는 구습을 따르는 옛 사람을 벗어 버리고"(엡 4:22).

2) 새사람(new self): 심령이 새롭게 되어 그리스도인으로서의 모습을 갖춘 자

"하나님을 따라 의와 진리의 거룩함으로 지으심을 받은 새 사람을 입으라"(엡 4:24).

3) 속사람(inner being): 영혼과 인격의 주체가 되는 내적 자아, 즉 선을 행하고자 하는 심령의 나

"그러므로 우리가 낙심하지 아니하노니 우리의 겉사람은 낡아지나 우리의 속사람은 날로 새로워지도다…우리가 주목하는 것은 보이는 것이 아니요 보이지 않는 것이니 보이는 것은 잠깐이요 보이지 않는 것은 영원함이라"(고후 4:16,18).

4) 겉사람(outward being): 육신뿐만 아니라 육신의 욕망을 따라 악을 행하고자 하는 육적인 본능(sinful nature)의 나

"내 속 곧 내 육신에 선한 것이 거하지 아니하는 줄을 아노니 원함은 내게 있으나 선을 행하는 것은 없노라"(롬 7:18).

5) 선한 싸움: 지금까지 하나님의 뜻에 따라 말씀에 순종하며 살아온 믿음의 생활, 곧 어둠의 세력과 악한 영들, 정사와 권세자들과 대항하는 싸움(엡 6:12)

10

의의 면류관(the crown of righteousness)

선한 싸움을 싸우고 믿음을 지킨 자들이 받기로 약속한 면류관으로, 이 면류관의 본질은 영생이다.

> "이제 후로는 나를 위하여 의의 면류관이 예비되었으므로 주 곧 의로우신 재판장이 그날에 내게 주실 것이며 내게만 아니라 주의 나타나심을 사모하는 모든 자에게도니라"(딤후 4:8).

> "그리하면 목자장이 나타나실 때에 시들지 아니하는 영광의 관을 얻으리라"(벧전 5:4).

> "너는 장차 받을 고난을 두려워하지 말라 볼지어다 마귀가 장차 너희 가운데에서 몇 사람을 옥에 던져 시험을 받게 하리니 너희가 십 일 동안 환난을 받으리라 네가 죽도록 충성하라 그리하면 내가 생명의 관을 네게 주리라"(계 2:10).

11

율법의 기능과 가치

1) 죄를 알게 한다

"그런즉 우리가 무슨 말을 하리요 율법이 죄냐 그럴 수 없느니라 율법으로 말미암지 않고는 내가 죄를 알지 못하였으니 곧 율법이 탐내지 말라 하지 아니하였더라면 내가 탐심을 알지 못하였으리라"(롬 7:7).

2) 생명에 이르게 한다

"생명에 이르게 할 그 계명이 내게 대하여 도리어 사망에 이르게 하는 것이 되었도다"(롬 7:10).

3) 율법은 거룩하다

"이로 보건대 율법은 거룩하고 계명도 거룩하고 의로우며 선하도다"(롬 7:12)

4) 율법은 믿음으로 말미암는 의를 가르친다

"그 안에서 발견되려 함이니 내가 가진 의는 율법에서 난 것이 아니요 오직 그리스도를 믿음으로 말미암은 것이니 곧 믿음으로 하나님께로부터 난 의라"(빌 3:9)

5) 율법은 우리를 그리스도께 인도한다

"이같이 율법이 우리를 그리스도께로 인도하는 초등교사가 되어 우리로 하여금 믿음으로 말미암아 의롭다 함을 얻게 하려 함이라"(갈 3:24).

6) 예수님을 믿고 구원받은 자답게 살기 위해서 율법을 행해야 한다.

예수님의 비유

1) 마태복음의 비유

① 네 가지 땅에 떨어진 씨 비유(마 13:19-23)

"아무나 천국 말씀을 듣고 깨닫지 못할 때는 악한 자가 와서 그 마음에 뿌려진 것을 빼앗나니 이는 곧 길가에 뿌려진 자요 돌밭에 뿌려졌다는 것은 말씀을 듣고 즉시 기쁨으로 받되 그 속에 뿌리가 없어 잠시 견디다가 말씀으로 말미암아 환난이나 박해가 일어날 때에는 곧 넘어지는 자요 가시떨기에 뿌려졌다는 것은 말씀을 들으나 세상의 염려와 재물의 유혹에 말씀이 막혀 결실하지 못하는 자요 좋은 땅에 뿌려졌다는 것은 말씀을 듣고 깨닫는 자니 결실하여 어떤 것은 백 배, 어떤 것은 육십 배, 어떤 것은 삼십 배가 되느니라 하시더라."

② **가라지 비유**(마 13:37-43)

"대답하여 이르시되 좋은 씨를 뿌리는 이는 인자요 밭은 세상이요 좋은 씨는 천국의 아들들이요 가라지는 악한 자의 아들들이요 가라지를 뿌린 원수는 마귀요 추수 때는 세상 끝이요 추수꾼은 천사들이니 그런즉 가라지를 거두어 불에 사르는 것같이 세상 끝에도 그러하리라 인자가 그 천사들을 보내리니 그들이 그 나라에서 모든 넘어지게 하는 것과 또 불법을 행하는 자들을 거두어 내어 풀무 불에 던져 넣으리니 거기서 울며 이를 갈게 되리라 그때에 의인들은 자기 아버지 나라에서 해와 같이 빛나리라 귀 있는 자는 들으라."

③ **소금과 빛**(마 5:13-16)

"너희는 세상의 소금이니 소금이 만일 그 맛을 잃으면 무엇으로 짜게 하리요 후에는 아무 쓸데없어 다만 밖에 버려져 사람에게 밟힐 뿐이니라 너희는 세상의 빛이라 산 위에 있는 동네가 숨겨지지 못할 것이요 사람이 등불을 켜서 말 아래에 두지 아니하고 등경 위에 두나니 이러므로 집 안 모든 사람에게 비치느니라 이같이 너희 빛이 사람 앞에 비치게 하여 그들로 너희 착한 행실을 보고 하늘에 계신 너희 아버지께 영광을 돌리게 하라."

④ **좁은 문**(마 7:13-14)

"좁은 문으로 들어가라 멸망으로 인도하는 문은 크고 그 길이 넓어 그리로 들어가는 자가 많고 생명으로 인도하는 문은

좁고 길이 협착하여 찾는 자가 적음이라."

⑤ 잃은 양 비유(마 18:12-14)

"너희 생각에는 어떠하냐 만일 어떤 사람이 양 백 마리가 있는데 그중의 하나가 길을 잃었으면 그 아흔아홉 마리를 산에 두고 가서 길 잃은 양을 찾지 않겠느냐 진실로 너희에게 이르노니 만일 찾으면 길을 잃지 아니한 아흔아홉 마리보다 이것을 더 기뻐하리라 이와 같이 이 작은 자 중의 하나라도 잃는 것은 하늘에 계신 너희 아버지의 뜻이 아니니라."

⑥ 무화과나무 비유(마 24:32-36)

"무화과나무의 비유를 배우라 그 가지가 연하여지고 잎사귀를 내면 여름이 가까운 줄을 아나니 이와 같이 너희도 이 모든 일을 보거든 인자가 가까이 곧 문 앞에 이른 줄 알라 내가 진실로 너희에게 말하노니 이 세대가 지나가기 전에 이 일이 다 일어나리라 천지는 없어질지언정 내 말은 없어지지 아니하리라 그러나 그날과 그때는 아무도 모르나니 하늘의 천사들도, 아들도 모르고 오직 아버지만 아시느니라."

⑦ 열 처녀 비유(마 25:1-13)

"그때에 천국은 마치 등을 들고 신랑을 맞으러 나간 열 처녀와 같다 하리니 그중의 다섯은 미련하고 다섯은 슬기 있는 자라 미련한 자들은 등을 가지되 기름을 가지지 아니하고 슬기 있는 자들은 그릇에 기름을 담아 등과 함께 가져갔더니 신랑이 더디 오므로 다 졸며 잘새 밤중에 소리가 나되 보라 신랑이로다 맞으러 나오라 하매 이에 그 처녀들이 다 일어나 등을 준비할새 미련한 자들이 슬기 있는 자들에게 이르되 우리 등불이 꺼져가니 너희 기름을 좀 나눠 달라 하거늘 슬기 있는 자들이 대답하여 이르되 우리와 너희가 쓰기에 다 부족할까 하노니 차라리 파는 자들에게 가서 너희 쓸 것을 사라 하니 그들이 사러 간 사이에 신랑이 오므로 준비하였던 자들은 함께 혼인 잔치에 들어가고 문은 닫힌지라 그 후에 남은 처녀들이 와서 이르되 주여 주여 우리에게 열어 주소서 대답하여 이르되 진실로 너희에게 이르노니 내가 너희를 알지 못하노라 하였느니라 그런즉 깨어 있으라 너희는 그날과 그때를 알지 못하느니라."

⑧ 달란트 비유(마 25:14-30)

"또 어떤 사람이 타국에 갈 때 그 종들을 불러 자기 소유를 맡김과 같으니 각각 그 재능대로 한 사람에게는 금 다섯 달란트를, 한 사람에게는 두 달란트를, 한 사람에게는 한 달란트를 주고 떠났더니 다섯 달란트 받은 자는 바로 가서 그것으로 장사하여 또 다섯 달란트를 남기고 두 달란트 받은 자도 그같이 하여 또 두 달란트를 남겼으되 한 달란트 받은 자는 가서 땅을 파고 그 주인의 돈을 감추어 두었더니 오랜 후에 그 종들의 주인이 돌아와 그들과 결산할새 다섯 달란트 받았던 자는 다섯 달란트를 더 가지고 와서 이르되 주인이여 내게 다섯 달란트를 주셨는데 보소서 내가 또 다섯 달란트를 남겼나이다 그 주인이 이르되 잘하였도다 착하고 충성된 종아 네가 적은 일에 충성하였으매 내가 많은 것을 네게 맡기리니 네 주인의 즐거움에 참여할지어다 하고 두 달란트 받았던 자도 와서 이르되 주인이여 내게 두 달란트를 주셨는데 보소서 내가 또 두 달란트를 남겼나이다 그 주인이 이르되 잘하였도다 착하고 충성된 종아 네가 적은 일에 충성하였으매 내가 많은 것을 네게 맡기리니 네 주인의 즐거움에 참여할지어다 하고 한 달란트 받았던 자는 와서 이르되 주인이여 당신은 굳은 사람이라 심지 않은 데서 거두고 헤치지 않은 데서 모으는 줄을 내가 알았으므로 두려워하여 나가서 당신의 달란트를 땅에 감추어 두었었나이다 보소서 당신의 것을 가지셨나이다 그 주인이 대답하여 이르되 악하고 게으른 종아 나는 심지 않은 데서 거두고 헤치지 않은 데서 모으는 줄로 네가 알았느냐 그러면 네가 마땅히 내 돈을 취리하는 자들에게나 맡겼다가 내가 돌아와서 내 원금과 이자를 받게 하였을 것이니라 하고 그에게서 그 한 달란트를 빼앗아 열 달란트 가진 자에게 주라 무릇 있는 자는 받아 풍족하게 되고 없는 자는 그 있는 것까지 빼앗기리라 이 무익한 종을 바깥 어두운 데로 내쫓으라 거기서 슬피 울며 이를 갈리라 하니라."

2) 마가복음의 비유

① 포도원 농부의 비유(막 12:1-12)

"예수께서 비유로 그들에게 말씀하시되 한 사람이 포도원을 만들어 산울타리로 두르고 즙 짜는 틀을 만들고 망대를 지어서 농부들에게 세로 주고 타국에 갔더니."

• 포도원 주인은 하나님, 포도원은 이스라엘, 농부들은 백성과 지도자들을 뜻한다.

"때가 이르매 농부들에게 포도원 소출 얼마를 받으려고 한 종을 보내니."

• 종은 선지자를 가리킨다.

"그들이 종을 잡아 심히 때리고 거저 보내었거늘 다시 다른 종을 보내니 그의 머리에 상처를 내고 능욕하였거늘 또 다른 종을 보내니 그들이 그를 죽이고 또 그 외 많은 종들도 더러는 때리고 더러는 죽인지라 이제 한 사람이 남았으니 곧 그가 사랑하는 아들이라 최후로 이를 보내며 이르되 내 아들은 존대하리라 하였더니."

• 사랑하는 아들은 십자가의 예수님을 의미한다.

"그 농부들이 서로 말하되 이는 상속자니 자 죽이자 그러면 그 유산이 우리 것이 되리라 하고 이에 잡아 죽여 포도원 밖에 내던졌느니라 포도원 주인이 어떻게 하겠느냐 와서 그 농부들을 진멸하고 포도원을 다른 사람들에게 주리라"

• 다른 사람들은 이방인들을 뜻한다.

"너희가 성경에 건축자들이 버린 돌이 모퉁이의 머릿돌이 되었나니."

• 버린 돌은 십자가의 예수님을, 머릿돌은 부활하신 예수님을 의미한다.

"이것은 주로 말미암아 된 것이요 우리 눈에 놀랍도다 함을 읽어 보지도 못하였느냐 하시니라 그들이 예수의 이 비유가 자기들을 가리켜 말씀하심인 줄 알고 잡고자 하되 무리를 두려워하여 예수를 두고 가니라."

3) 누가복음에만 등장하는 비유

① 선한 사마리아 사람(눅 10:30-35) **- 이웃 사랑의 본질**

"예수께서 대답하여 이르시되 어떤 사람이 예루살렘에서 여리고로 내려가다가 강도를 만나매 강도들이 그 옷을 벗기고 때려 거의 죽은 것을 버리고 갔더라 마침 한 제사장이 그 길로 내려가다가 그를 보고 피하여 지나가고 또 이와 같이 한 레위인도 그곳에 이르러 그를 보고 피하여 지나가되 어떤 사마리아 사람은 여행하는 중 거기 이르러 그를 보고 불쌍히 여겨 가까이 가서 기름과 포도주를 그 상처에 붓고 싸매고 자기 짐승에 태워 주막으로 데리고 가서 돌보아 주니라 그 이튿날 그가 주막 주인에게 데나리온 둘을 내어 주며 이르되 이 사람을 돌보아 주라 비용이 더 들면 내가 돌아올 때에 갚으리라 하였으니."

② 마르다와 마리아의 예수님 영접(눅 10:38-42) **- 예수님 섬기는 자의 태도 교훈**

"그들이 길 갈 때에 예수께서 한 마을에 들어가시매 마르다라 이름하는 한 여자가 자기 집으로 영접하더라 그에게 마리아라 하는 동생이 있어 주의 발치에 앉아 그의 말씀을 듣더니 마르다는 준비하는 일이 많아 마음이 분주한지라 예수께 나아가 이르되 주여 내 동생이 나 혼자 일하게 두는 것을 생각하지 아니하시나이까 그를 명하사 나를 도와주라 하소서 주께서 대답하여 이르시되 마르다야 마르다야 네가 많은 일로 염려하고 근심하나 몇 가지만 하든지 혹은 한 가지만이라도 족하니라 마리아는 이 좋은 편을 택하였으니 빼앗기지 아니하리라 하시니."

③ 무엇으로 영생을 얻으리이까(눅 10:25)

"대답하여 이르되 네 마음을 다하며 목숨을 다하며 힘을 다하며 뜻을 다하여 주 너의 하나님을 사랑하고 또한 네 이웃을 네 자신같이 사랑하라 하였나이다."(눅 10:27)

④ 한 부자 비유(눅 12:16-20)

"또 비유로 그들에게 말하여 이르시되 한 부자가 그 밭에 소출이 풍성하매 심중에 생각하여 이르되 내가 곡식 쌓아 둘 곳이 없으니 어찌할까 하고 또 이르되 내가 이렇게 하리라 내 곳간을 헐고 더 크게 짓고 내 모든 곡식과 물건을 거기 쌓아 두리라 또 내가 내 영혼에게 이르되 영혼아 여러 해 쓸 물건을 많이 쌓아 두었으니 평안히 쉬고 먹고 마시고 즐거워하자 하리라 하되 하나님은 이르시되 어리석은 자여 오늘 밤에 네 영혼을 도로 찾으리니 그러면 네 준비한 것이 누구의 것이 되겠느냐 하셨으니."

4) 요한복음의 비유

① 포도나무 비유(요 15:1-7)

"나는 참포도나무요 내 아버지는 농부라 무릇 내게 붙어 있어 열매를 맺지 아니하는 가지는 아버지께서 그것을 제거해 버리시고 무릇 열매를 맺는 가지는 더 열매를 맺게 하려 하여 그것을 깨끗하게 하시느니라 너희는 내가 일러준 말로 이미 깨끗하여졌으니 내 안에 거하라 나도 너희 안에 거하리라 가지가 포도나무에 붙어 있지 아니하면 스스로 열매를 맺을 수 없음같이 너희도 내 안에 있지 아니하면 그러하리라 나는 포도나무요 너희는 가지라 그가 내 안에, 내가 그 안에 거하면 사람이 열매를 많이 맺나니 나를 떠나서는 너희가 아무것도 할 수 없음이라 사람이 내 안에 거하지 아니하면 가지처럼 밖에 버려져 마르나니 사람들이 그것을 모아다가 불에 던져 사르느니라 너희가 내 안에 거하고 내 말이 너희 안에 거하면 무엇이든지 원하는 대로 구하라 그리하면 이루리라."

② 생명의 떡 비유(요 6:32-40)

"예수께서 이르시되 내가 진실로 진실로 너희에게 이르노니 모세가 너희에게 하늘로부터 떡을 준 것이 아니라 내 아버지께서 너희에게 하늘로부터 참 떡을 주시나니 하나님의 떡은 하늘에서 내려 세상에 생명을 주는 것이니라 그들이 이르되 주여 이 떡을 항상 우리에게 주소서 예수께서 이르시되 나는 생명의 떡이니 내게 오는 자는 결코 주리지 아니할 터이요 나를 믿는 자는 영원히 목마르지 아니하리라 그러나 내가 너희에게 이르기를 너희는 나를 보고도 믿지 아니하는도다 하였느니라 아버지께서 내게 주시는 자는 다 내게로 올 것이요 내게 오는 자는 내가 결코 내쫓지 아니하리라 내가 하늘에서 내려온 것은 내 뜻을 행하려 함이 아니요 나를 보내신 이의 뜻을 행하려 함이니라 나를 보내신 이의 뜻은 내게 주신 자 중에 내가 하나도 잃어버리지 아니하고 마지막 날에 다시 살리는 이것이니라 내 아버지의 뜻은 아들을 보고 믿는 자마다 영생을 얻는 이것이니 마지막 날에 내가 이를 다시 살리리라 하시니라."

③ 양의 우리 비유(요 10:1-5)

"내가 진실로 진실로 너희에게 이르노니 문을 통하여 양의 우리에 들어가지 아니하고 다른 데로 넘어가는 자는 절도며 강도요 문으로 들어가는 이는 양의 목자라 문지기는 그를 위하여 문을 열고 양은 그의 음성을 듣나니 그가 자기 양의 이름을 각각 불러 인도하여 내느니라 자기 양을 다 내놓은 후에 앞서 가면 양들이 그의 음성을 아는 고로 따라오되 타인의 음성은 알지 못하는 고로 타인을 따르지 아니하고 도리어 도망하느니라."

성도의 생활에 중요한 성구

예수님의 본성(요 1:1; 마 16:16)	성경(딤후 3:16; 벧전 2:2)
"태초에 말씀이 계시니라 이 말씀이 하나님과 함께 계셨으니 이 말씀은 곧 하나님이시니라." "시몬 베드로가 대답하여 이르되 주는 그리스도시요 살아 계신 하나님의 아들이시니이다."	"모든 성경은 하나님의 감동으로 된 것으로 교훈과 책망과 바르게 함과 의로 교육하기에 유익하니." "갓난아기들같이 순전하고 신령한 젖을 사모하라 이는 그로 말미암아 너희로 구원에 이르도록 자라게 하려 함이라."
예수님의 과거 사역(사 53:5-6)	**기도(요 15:7; 빌 4:6-7)**
"그가 찔림은 우리의 허물 때문이요 그가 상함은 우리의 죄악 때문이라 그가 징계를 받으므로 우리는 평화를 누리고 그가 채찍에 맞으므로 우리는 나음을 받았도다 우리는 다 양 같아서 그릇 행하여 각기 제 길로 갔거늘 여호와께서는 우리 모두의 죄악을 그에게 담당시키셨도다."	"너희가 내 안에 거하고 내 말이 너희 안에 거하면 무엇이든지 원하는 대로 구하라 그리하면 이루리라." "아무것도 염려하지 말고 다만 모든 일에 기도와 간구로, 너희 구할 것을 감사함으로 하나님께 아뢰라 그리하면 모든 지각에 뛰어난 하나님의 평강이 그리스도 예수 안에서 너희 마음과 생각을 지키시리라."

예수님의 현재 사역(롬 6:4; 엡 1:22)	교제(롬 12:4-5; 요 13:34-35)
"그러므로 우리가 그의 죽으심과 합하여 세례를 받음으로 그와 함께 장사되었나니 이는 아버지의 영광으로 말미암아 그리스도를 죽은 자 가운데서 살리심과 같이 우리로 또한 새 생명 가운데서 행하게 하려 함이라."	"우리가 한 몸에 많은 지체를 가졌으나 모든 지체가 같은 기능을 가진 것이 아니니 이와 같이 우리 많은 사람이 그리스도 안에서 한 몸이 되어 서로 지체가 되었느니라."
"또 만물을 그의 발 아래에 복종하게 하시고 그를 만물 위에 교회의 머리로 삼으셨느니라."	"새 계명을 너희에게 주노니 서로 사랑하라 내가 너희를 사랑한 것 같이 너희도 서로 사랑하라 너희가 서로 사랑하면 이로써 모든 사람이 너희가 내 제자인 줄 알리라."
예수님을 믿으시오(요 1:12, 3:16)	**전도(롬 1:16; 벧전 3:15)**
"영접하는 자 곧 그 이름을 믿는 자들에게는 하나님의 자녀가 되는 권세를 주셨으니.	"내가 복음을 부끄러워하지 아니하노니 이 복음은 모든 믿는 자에게 구원을 주시는 하나님의 능력이 됨이라 먼저는 유대인에게요 그리고 헬라인에게로다."
"하나님이 세상을 이처럼 사랑하사 독생자를 주셨으니 이는 그를 믿는 자마다 멸망하지 않고 영생을 얻게 하려 하심이라."	"너희 마음에 그리스도를 주로 삼아 거룩하게 하고 너희 속에 있는 소망에 관한 이유를 묻는 자에게는 대답할 것을 항상 준비하되 온유와 두려움으로 하고."
경건의 시간(요 15:5; 갈 2:20)	**성령 충만한 삶(엡 5:18; 갈 5:22-23)**
"나는 포도나무요 너희는 가지라 그가 내 안에, 내가 그 안에 거하면 사람이 열매를 많이 맺나니 나를 떠나서는 너희가 아무것도 할 수 없음이라."	"술 취하지 말라 이는 방탕한 것이니 오직 성령으로 충만함을 받으라."
"내가 그리스도와 함께 십자가에 못 박혔나니 그런즉 이제는 내가 사는 것이 아니요 오직 내 안에 그리스도께서 사시는 것이라."	"오직 성령의 열매는 사랑과 희락과 화평과 오래 참음과 자비와 양선과 충성과 온유와 절제니 이같은 것을 금지할 법이 없느니라."

구원의 확신(요일 5:13; 요 5:24)	시험을 이기는 삶 (고전 10:13; 약 1:14-15)
"내가 하나님의 아들의 이름을 믿는 너희에게 이것을 쓰는 것은 너희로 하여금 너희에게 영생이 있음을 알게 하려 함이라." "내가 진실로 진실로 너희에게 이르노니 내 말을 듣고 또 나 보내신 이를 믿는 자는 영생을 얻었고 심판에 이르지 아니하나니 사망에서 생명으로 옮겼느니라."	"사람이 감당할 시험밖에는 너희가 당한 것이 없나니 오직 하나님은 미쁘사 너희가 감당하지 못할 시험당함을 허락하지 아니하시고 시험당할 즈음에 또한 피할 길을 내사 너희로 능히 감당하게 하시느니라." "오직 각 사람이 시험을 받는 것은 자기 욕심에 끌려 미혹됨이니 욕심이 잉태한즉 죄를 낳고 죄가 장성한즉 사망을 낳느니라."
하나님의 속성 (대상 29:11-12; 시 36:5-6)	**순종하는 삶(롬 12:1; 눅 9:23)**
"여호와여 위대하심과 권능과 영광과 승리와 위엄이 다 주께 속하였사오니 천지에 있는 것이 다 주의 것이로소이다 여호와여 주권도 주께 속하였사오니 주는 높으사 만물의 머리이심이니이다 부와 귀가 주께로 말미암고 또 주는 만물의 주재가 되사 손에 권세와 능력이 있사오니 모든 사람을 크게 하심과 강하게 하심이 주의 손에 있나이다." "여호와여 주의 인자하심이 하늘에 있고 주의 진실하심이 공중에 사무쳤으며 주의 의는 하나님의 산들과 같고 주의 심판은 큰 바다와 같으니이다 여호와여 주는 사람과 짐승을 구하여 주시나이다."	"그러므로 형제들아 내가 하나님의 모든 자비하심으로 너희를 권하노니 너희 몸을 하나님이 기뻐하시는 거룩한 산 제물로 드리라 이는 너희가 드릴 영적 예배니라." "또 무리에게 이르시되 아무든지 나를 따라오려거든 자기를 부인하고 날마다 제 십자가를 지고 나를 따를 것이니라." **사역(벧전 2:9; 고전 3:9)** "그러나 너희는 택하신 족속이요 왕 같은 제사장들이요 거룩한 나라요 그의 소유가 된 백성이니 이는 너희를 어두운 데서 불러내어 그의 기이한 빛에 들어가게 하신 이의 아름다운 덕을 선포하게 하려 하심이라." "우리는 하나님의 동역자들이요 너희는 하나님의 밭이요 하나님의 집이니라."

14

유대교의 4대 종파

	종파 / 구분	사두개파 (Sadducee)	바리새파 (Pharisee)	에세네파 (Essene)	열심당 (Zealot)
1	특징	내세를 부인하는 세속주의자들	하나님을 믿는다고 하면서도 현실주의자들	수도원적인 공동체 생활	마카비 가문의 참 정신을 이어간 사람들
2	종교적 위치	대제사장, 장로	서기관	장로	
3	계층	-부유한 귀족 계층 -돈 많은 상인 -정부 관리 -종교 단체라기보다는 사회적 고위층에 속한 사람들의 모임 (폐쇄적인 집단)	'분리된 자'라는 뜻 - 중간 계층 사람들 - 율법을 연구하였던 서기관 -대중으로부터 인정과 존경을 받았지만 정치권력을 갖지 못함 -예수 그리스도의 탄생 전후에 살았던, 유대인들에게 가장 영향력 있었던 분파 (신약성경에 가장 많이 등장하는 분파)	대부분의 생활을 사해사본이 발견된 쿰란 본거지에서 공동체 생활 -성전을 중심으로 한 사두개파의 독점 주관을 인정하지 않음 -유대의 세속 정치와 대중들로부터 분리를 선언함	마카비의 후계자들 -깊은 종교적 확신을 가진 유대 애국주의 집단

	종파 / 구분	사두개파 (Sadducee)	바리새파 (Pharisee)	에세네파 (Essene)	열심당 (Zealot)
4	본거지	성전 (성전을 중심으로 예배 통치)	회당 (회당을 중심으로 율법 교육)	사해 주변 쿰란에서 공동체 생활	
5	성경	**모세오경** 모세오경의 권위만 인정 선지자들의 예언서 거부	**구약성경** 구약과 구전법(Oral law)을 포함한 모든 책들을 수용	**율법** 율법의 준수가 진정한 예배, 유대교라고 믿음	**율법** 율법을 위해 목숨을 던지는 사람들
6	기타	- 부활, 천사, 영: 모두 부인 - 메시아 대망과 예견: 부인 - 율법의 울타리 곧 장로의 전통도 부인 - 바리새파가 귀하게 여기는 모든 것에 무관심 또는 철저하게 배격	- 부활, 천사, 영: 모두 용인(행 23:8) - 메시아 대망과 예견: 용인 - 외식하는 자를 가리킴 - 바리새파는 자신들의 복장을 통해 다른 분파들과 구별	- 예루살렘 성전이 유대교의 중심이 될 수 없다 함 - 장로의 지도 하에 공동체 생활 - 재산을 공유 - 예배와 독서와 공동 식사가 중요한 행사	오직 하나님만이 그들의 '통치자'요 '주'라 함 - 열심당으로 번역
		헬레니즘 숭상, 하스몬 왕가, 로마 제국과 결탁, 유대의 권력 유지 - 로마가 유대를 합병시킬 때 유대의 공식 대표는 대제사장	현재의 유대교의 근원은 바리새파 - 하시딤 운동에 가담했던 자들로 BC 164년 예루살렘 성전이 재봉헌될 때까지는 유다 마카비 지지 - 그 후 요나단의 유대 통치 시대에 뜻을 달리하면서 사두개파, 바리새파, 에세네파의 세 분파로 나뉨	사해 두루마리의 사본이라고도 하는 쿰란 동굴에서 발견된 문서들은 에세네파와 관련 있음	로마에 대한 항거가 매우 과격하고 정치적이기 때문에 폭력적인 성향 그들은 고통을 하찮게 여겼으며 목숨을 잃는 것도 무서워하지 않았다

15

사람에 대한 성경의 비유

1) 사람의 '존재' 비유

① 그림자(시 39:6; 욥 8:9) ② 안개(약 4:14) ③ 입김(시 62:9)
④ 먼지(시 104:14) ⑤ 티끌(욥 30:19; 욥 10:9; 창 18:27)
⑥ 재(욥 30:19; 창 18:27) ⑦ 진흙(시 18:42) ⑧ 헛것(시 144:4)
⑨ 날리는 낙엽(욥 13:25) ⑩ 바람 앞에 검불(욥 21:18)
⑪ 폭풍에 날리는 겨(욥 21:18) ⑫ 구더기(욥 25:6)

2) 사람의 '명칭' 비유

① 나그네(stranger)(창 23:4) ② 객(stranger)(창 15:13)
③ 거류민(alien)(창 23:4) ④ 이방인(alien) ⑤ 순례자(pilgrim)
⑥ 방랑자(bohemian)

3) 사람의 '연수'(생명) 비유

① 그림자(시 144:4; 욥 8:9) ② 안개(약 4:14) ③ 구름(욥 7:9)
④ 바람(욥 7:7; 시 13:16) ⑤ 수고(시 90:10) ⑥ 슬픔(시 90:10)
⑦ 베틀의 북(욥 7:6) ⑧ 먹이에 날아 내리는 독수리(욥 9:26)
⑨ 한 뼘 길이(시 39:5) ⑩ 헛것(욥 7:16) ⑪ 이슬
⑫ 석양 그림자(시 109:23)

4) 사람의 '삶'(인생) 비유

① 꿈(욥 20:8) ② 환상(욥 20:8) ③ 밤의 한순간(시 90:4)
④ 속임수(시 62:9) ⑤ 허사(시 39:5) ⑥ 없는 것(시 39:5)
⑦ 잠깐 자는 것(시 90:5) ⑧ 헛되고 헛된 것(전 1:2)
⑨ 아침에 돋는 풀(시 90:5) ⑩ 들의 꽃(시 103:15)
⑫ 벌레 같은 인생(욥 25:16)

제5장

신약의 주요 지명과 용어

1. 가버나움(Capernaum)
2. 베다니(Bethany)
3. 감람산(Mount of Olives)
4. 겟세마네(Gethsemane)
5. 그 외 지명들
6. 용어

1

가버나움(Capernaum)

1) 예수님께서는 공생애 3년의 대부분을 갈릴리 가버나움을 중심으로 활동하셨다.

2) 요단 강 상류가 갈릴리 바다와 만나는 지점에 위치한다.

3) 주님께서는 고라신, 벳새다(12제자 중 베드로와 안드레 형제, 빌립의 고향), 가버나움 등 세 도시를 삼각형으로 연결한 반경 10리(2마일) 안에서 전도하셨다(벳새다는 예수님께서 오병이어의 기적을 행하신 곳).

4) 당시 갈릴리 바다에는 10곳의 포구가 있었는데, 그중 가버나움이 가장 번성한 포구로 세관이 있었고 유대인들이 많이 거주하였다.

* 신약에 언급된 '가버나움' 관련 말씀 요약

	성경	말씀
1	마 4:13	예수님의 제2의 고향, 갈릴리 바다에서 첫 사역을 시작하셨다. "나사렛을 떠나 스불론과 납달리 지경 해변에 있는 가버나움에 가서 사시니."
2	마 4:15 (막 1:14-15) (눅 4:14-15)	주님은 흑암에 앉은 백성에게 빛으로 오셨다. "스불론 땅과 납달리 땅과 요단 강 저편 해변길과 이방의 갈릴리여."
3	마 4:18-22 (막 1:16-20) (눅 5:1-11)	제자들은 이곳에서 부름을 받았다. "갈릴리 해변에 다니시다가 두 형제 곧 베드로라 하는 시몬과 그의 형제 안드레가 바다에 그물 던지는 것을 보시니 그들은 어부라 말씀하시되 나를 따라오라 내가 너희를 사람을 낚는 어부가 되게 하리라 하시니 그들이 곧 그물을 버려두고 예수를 따르니라 거기서 더 가시다가 다른 두 형제 곧 세베대의 아들 야고보와 그의 형제 요한이 그의 아버지 세베대와 함께 배에서 그물 깁는 것을 보시고 부르시니 그들이 곧 배와 아버지를 버려두고 예수를 따르니라."
4	마 8:5-13	한 백부장의 하인이 고침을 받았다. "예수께서 가버나움에 들어가시니 한 백부장이 나아와 간구하여 이르되 주여 내 하인이 중풍병으로 집에 누워 몹시 괴로워하나이다 이르시되 내가 가서 고쳐 주리라 백부장이 대답하여 이르되 주여 내 집에 들어오심을 나는 감당하지 못하겠사오니 다만 말씀으로만 하옵소서 그러면 내 하인이 낫겠사옵나이다…예수께서 백부장에게 이르시되 가라 네 믿은 대로 될지어다 하시니 그 즉시 하인이 나으니라."

	성 경	말 씀
5	눅 7:5 (마 8:5-13)	가버나움에 가장 큰 유대교 회당이 있었다. 백부장이 지은 것이다. "그가 우리 민족을 사랑하고 또한 우리를 위하여 회당을 지었나이다 하니."
6	마 8:14 (막 1:29-34) (눅 4:38-41)	베드로의 장모의 열병이 나았다. "회당에서 나와 곧 야고보와 요한과 함께 시몬과 안드레의 집에 들어가시니 시몬의 장모가 열병으로 누워 있는지라 사람들이 곧 그 여자에 대하여 예수께 여짜온대 나아가사 그 손을 잡아 일으키시니 열병이 떠나고 여자가 그들에게 수종드니라."
7	마 9:1-8 (막 2:1-12) (눅 5:17-26)	중풍병자가 일어나 걸어갔다. "예수께서 그들의 믿음을 보시고 중풍병자에게 이르시되 작은 자야 네 죄 사함을 받았느니라 하시니." "내가 네게 이르노니 일어나 네 상을 가지고 집으로 가라 하시니."
8	마 9:9	가버나움에 세관이 있었다. 세관원이었던 마태도 이곳에서 부름을 받았다. "예수께서 그곳을 떠나 지나가시다가 마태라 하는 사람이 세관에 앉아 있는 것을 보시고 이르시되 나를 따르라 하시니 일어나 따르니라."
9	막 2:14	"또 지나가시다가 알패오의 아들 레위가 세관에 앉아 있는 것을 보시고 그에게 이르시되 나를 따르라 하시니 일어나 따르니라."
10	마 9:18-25 (막 5:21-43) (눅 8:40-56)	열두 해를 혈루증으로 앓던 여자가 나음을 입기도 하였다. "열두 해를 혈루증으로 앓아 온 한 여자가 있어 많은 의사에게 많은 괴로움을 받았고 가진 것도 다 허비하였으되 아무 효험이 없고 도리어 더 중하여졌던 차에 예수의 소문을 듣고 무리 가운데 끼어 뒤로 와서 그의 옷에 손을 대니 이는 내가 그의 옷에만 손을 대어도 구원을 받으리라 생각함일러라

	성경	말씀
		이에 그의 혈루 근원이 곧 마르매 병이 나은 줄을 몸에 깨달으니라…예수께서 이르시되 딸아 네 믿음이 너를 구원하였으니 평안히 가라 네 병에서 놓여 건강할지어다."
11	마 11:21-24 (눅 10:13-15)	회개하지 아니하는 도시들이 책망을 받았다. "화 있을진저 고라신아 화 있을진저 벳새다야 너희에게 행한 모든 권능을 두로와 시돈에서 행하였더라면 그들이 벌써 베옷을 입고 재에 앉아 회개하였으리라." "가버나움아 네가 하늘에까지 높아지겠느냐 음부에까지 낮아지리라 네게 행한 모든 권능을 소돔에서 행하였더라면 그 성이 오늘까지 있었으리라." 고라신, 벳새다, 가버나움은 결국 AD 746년에 지진으로 파괴되었다. 18세기까지 버려진 마을로 있던 가버나움이 다시 빛을 본 것은 1865년 윌슨에 의해 회당 발굴이 시작되면서부터이다. 이곳에서 '세베대의 아들 야고보'라는 이름이 적힌 비문이 발견되었다.
12	마 17:24-27	반 세겔의 교훈-성전세를 내시다. "가버나움에 이르니 반 세겔 받는 자들이 베드로에게 나아와 이르되 너의 선생은 반 세겔을 내지 아니하느냐." "우리가 그들이 실족하지 않게 하기 위하여 네가 바다에 가서 낚시를 던져 먼저 오르는 고기를 가져 입을 열면 돈 한 세겔을 얻을 것이니 가져다가 나와 너를 위하여 주라 하시니."
13	마 18:6	작은 자 하나를 실족하게 한 사람에 대해 경고하셨다. "누구든지 나를 믿는 이 작은 자 중 하나를 실족하게 하면 차라리 연자 맷돌이 그 목에 달려서 깊은 바다에 빠뜨려지는 것이 나으니라."

가버나움에 남아 있는 고대 회당의 흔적

가버나움에 있는
성 베드로 교회

교회 내부

2

베다니(Bethany)

1) 감람산 동남쪽 기슭에 위치하고 있다. 예루살렘에서 여리고 방향으로 2.5km 떨어진 동네 베다니는 히브리어로 '가난한 자들의 마을'이라는 뜻이다.

2) 이 작은 마을은 예수님께서 감람산에서 기도하신 후 예루살렘 성에서 내려가서 쉬신 곳이다.

"그들을 떠나 성 밖으로 베다니에 가서 거기서 유하시니라"(마 21:17).

"예수께서 예루살렘에 이르러 성전에 들어가사 모든 것을 둘러 보시고 때가 이미 저물매 열두 제자를 데리시고 베다니에 나가시니라"(막 11:11).

3) 나병환자 시몬이 살던 곳이다.

"예수께서 베다니 나병환자 시몬의 집에 계실 때에"(마 26:6).

"예수께서 베다니 나병환자 시몬의 집에서 식사하실 때에" (막 14:3).

4) 예수님이 그 말씀대로 철저하게 가난한 자들의 이웃이 되어 그들과 함께 생활하셨던 곳이다.

이사야 61장 1절 이하의 말씀을 인용하여 누가복음 4장 18절에서 복음을 전하셨다.

"주의 성령이 내게 임하셨으니 이는 가난한 자에게 복음을 전하게 하시려고 내게 기름을 부으시고 나를 보내사 포로 된 자에게 자유를, 눈 먼 자에게 다시 보게 함을 전파하며 눌린 자를 자유롭게 하고."

5) 예수님께서 나병환자 시몬의 집에 계실 때에, 한 여인이 매우 귀한 향유 옥합을 깨뜨려 예수님의 머리에 부은 곳이다.

"이 여자가 내 몸에 이 향유를 부은 것은 내 장례를 위하여 함이니라 내가 진실로 너희에게 이르노니 온 천하에 어디서든지 이 복음이 전파되는 곳에서는 이 여자가 행한 일도 말하여 그를 기억하리라 하시니라”(마 26:12-13).

6) 예수님이 베다니에 오시면 마르다와 마리아와 그들의 오빠 나사로의 집에 자주 머무셨다.

“예수께서 본래 마르다와 그 동생과 나사로를 사랑하시더니”(요 11:5).

7) 죽은 나사로를 살리셨다.

“나사로가 병들었다 함을 들으시고 그 계시던 곳에 이틀을 더 유하시고”(요 11:6).

“예수께서 와서 보시니 나사로가 무덤에 있은 지 이미 나흘이라”(요 11:17).

“이 말씀을 하시고 큰 소리로 나사로야 나오라 부르시니”(요 11:43).

8) 예수님께서 부활하신 후 땅에서 40일을 계시고 베다니에서 승천하셨다.

“예수께서 그들을 데리고 베다니 앞까지 나가사 손을 들어 그들에게 축복하시더니 축복하실 때에 그들을 떠나 [하늘로 올려지시니]"(눅 24:50-51).

성 나사로 교회

나사로의 무덤

3

감람산(Mount of Olives)

1) 감람산은 예루살렘의 동쪽, 기드론 시내(Kidron Valley) 건너편에 위치하고 있다. 감람산은 예루살렘 성보다 100m쯤 높은 해발 800m에 위치한 곳이고, 동쪽으로는 베다니를 지나 유대 광야로 내려가면 사해(Dead Ses)까지 이른다.

2) 감람산은 다윗 왕이 아들 압살롬의 난을 피해 도망했던 곳이다.

> "다윗이 감람산 길로 올라갈 때에 그의 머리를 그가 가리고 맨발로 울며 가고 그와 함께 가는 모든 백성들도 각각 자기의 머리를 가리고 울며 올라가니라"(삼하 15:30).

3) 구약의 선지자들은 메시아가 오시면 이곳을 통과하여 예루살렘 성으로 들어오신다고 믿었으며, 감람산을 선지자의 산이라 하였다.

"그날에 그의 발이 예루살렘 앞 곧 동쪽 감람산에 서실 것이요 감람산은 그 한가운데가 동서로 갈라져 매우 큰 골짜기가 되어서 산 절반은 북으로, 절반은 남으로 옮기고"(슥 14:4).

4) 예수 그리스도께서 생애 마지막 날들을 제자들을 교훈하면서 이곳에서 보내셨고, 이 산의 동쪽 벳바게에서 이 산을 가로질러 서쪽 기슭으로 내려가면서 예루살렘으로 들어가셨다.

"앞에서 가고 뒤에서 따르는 무리가 소리 높여 이르되 호산나 다윗의 자손이여 찬송하리로다 주의 이름으로 오시는 이여 가장 높은 곳에서 호산나 하더라"(마 21:9).

• 열한 제자와 더불어 감람산에서 마지막 기도를 드리셨으며 잡히셨던 곳이다(마 26:36-56).

5) 죽으시고 부활하신 후 감람산 정상 부근에서 승천하셨다.

"예수께서 그들을 데리고 베다니 앞까지 나가사 손을 들어 그들에게 축복하시더니 축복하실 때에 그들을 떠나 [하늘로 올려지시니]"(눅 24:50-51).

감람산에서 바라본 예루살렘

기드론 계곡

기드론 계곡의 수많은 무덤들

겟세마네 동산의 감람나무

겟세마네(Gethsemane)

겟세마네 동산 입구의 모습

1) 기드론 시내 아래쪽으로 내려오면 예수님께서 생애의 마지막을 보내면서 최후의 기도(고뇌의 기도)를 드리셨던 겟세마네 동산(감람원)에 이른다.

"예수님께서 제자들과 함께 겟세마네라 하는 곳에 이르러 제자들에게 이르시되 내가 저기가서 기도할 동안에 너희는 여기 앉아 있으라 하시고"(마 26:36).

"예수님께서 나가서 습관을 따라 감람산에 가시매 제자들도 따라 갔더니"(눅 22:39).

"그곳에 이르러 그들에게 이르시되 유혹에 빠지지 않도록 기도하라 하시고"(눅 22:40).

2) 겟세마네는 '갓'(gat, 올리브 기름을 짜는 틀)**과 '세마님'**(Shamanim, 기름)**이라는 뜻의 합성어로, 곧 올리브 나무 열매의 기름을 짜는 곳이라는 뜻이다.**

겟세마네 교회

겟세마네 교회 내부

고통의 돌(예수님이 밤새도록 돌 위에 앉아서 피땀 흘리며 기도하신 하얀 큰 돌)

5

그 외 지명들

1) 갈릴리 바다(the Sea of Galilee)

갈릴리 호수

팔레스타인 북부에 있는 크고 아름다운 내륙 호수로, 성경에는 '게네사렛 호수'(the Lake of Gennesaret) 또는 '디베랴 바다'(the Sea of Tiberias)로도 불린다.

2) 나사렛(Nazareth)

요셉과 마리아가 애굽에서 유대로 돌아왔을 당시는 유대 분봉

나사렛 도시 전경

왕 헤롯 아켈라오의 억압 통치 시대였다. 그래서 고향 베들레헴으로 가지 않고 갈릴리 나사렛으로 이사하여(마 2:23) 나사렛이 예수님의 제2의 고향이 되었다.

3) 벳새다(Bethsaida)

갈릴리 바다 북쪽에 있던 마을로 예수께서 오병이어(마 14:19) 등 많은 권능을 행하신 곳이다. 예수님의 제자인 베드로, 안드레 형제와 빌립의 고향이기도 하다.

4) 벳바게(Bethphage)

'무화과의 집'이라는 뜻을 가진 감람산 부근의 촌락으로, 예루살렘과 베다니 사이에 있는 작은 마을이다.

벳바게 교회

5) 아라바의 바다(the Sea of the Arabah)

염해 또는 사해(Dead Sea)라고도 부른다.

사해

6) 헬몬 산(the Mount Hermon)

헬몬 산

갈릴리 지역 일대에서 가장 높은 산(해발 2,800m)으로, 일명 '변화산'(the sacred mountain)이라 부른다. 예수님께서 특히 가까이하시던 세 제자 베드로, 요한, 야고보를 데리고 오르신 산이다.

“기도하실 때에 용모가 변화되고 그 옷이 희어져 광채가 나더라 문득 두 사람이 예수와 함께 말하니 이는 모세와 엘리야라 영광 중에 나타나서 장차 예수께서 예루살렘에서 별세하실 것을 말할새”(눅 9:29-31).

7) 겐그레아(Cenchrea)

고린도(Corinth)에서 동쪽으로 10km 떨어진 곳에 위치한 항구도시로서 바울이 제2차 선교 여행 시 이곳에 교회를 세웠다.

8) 긴네롯(Kinnereth)

갈릴리 호수 북서쪽에 위치한 작은 삼각 평지이다.

9) 구브로(Cyprus)

에게 해에 위치한 섬(현재의 사이프러스 섬)이며, 바울의 제1차 선교 여행지이다

“두 사람이 성령의 보내심을 받아 실루기아에 내려가 거기서 배 타고 구브로에 가서 살라미에 이르러 하나님의 말씀을 유대인의 여러 회당에서 전할새 요한을 수행원으로 두었더라”(행 13:4-5).

10) 구레네(Cyrene)

아프리카 북동편에 있는 중요한 도시이다. 현재의 리비아 수도 트리폴리(Tripoli)이며, 이곳에는 본국을 떠난 유대인들이 많이 살고 있었다.

11) 데살로니가(Thessalonica)

마케도니아 지방의 중심 도시. 사도 바울의 제2차 선교 여행 시 유럽 땅에 두 번째로 데살로니가 교회를 세웠다.

12) 베뢰아(Berea)

데살로니가에서 서남쪽으로 약 75km 지점에 있는 도시이다.

13) 서바나(Spaon)

스페인. 사도 바울이 마지막으로 복음을 전하고 싶었던 지역이다.

14) 실루기아(Seleucia)

안디옥에서 서쪽으로 25km 떨어진 지점의 항구 도시이다.

15) 일루리곤(Illyricum)

바울이 전도한 지역 가운데 가장 서북쪽에 있는 지역으로(롬 15:19), 현재의 알바니아와 옛 유고슬라비아이다.

16) 에베소(Ephesus)

소아시아 서쪽 해안에 위치한 최대의 무역항이다.

6

용어

셀라(Selah): 소리를 높임, 잠시 멈추고 생각해 봄

살렘(Salem): 평화, 평강, 평안

샬롬(Shalom): 당신이 잘되기를

엘리 엘리 라마 사박다니(Eloi, Eloi, lama sabachthani): 나의 하나님, 나의 하나님 어찌하여 나를 버리셨나이까

아멘(Amen): 그렇게 될지어다, 나도 그렇게 믿는다

임마누엘(Immanuel): 하나님이 우리와 같이 계시다

할렐루야(Hallelujah): 여호와를 찬양하다

호산나(Hosanna): 우리를 구원하소서

코람데오(Coram Deo): 하나님 앞에서, 하나님 안에서

달리다굼(Talitha cumi): 소녀야 일어나라

에바다(Ephphatha): 열리라

대언자(the righteous one): 보혜사, 예수 그리스도(요 12:1)

대주재(Sovereign Lord): 하나님을 가리킴

랍비(Rabbi): 유대인들이 율법을 가르치는 선생을 부르는 존칭

분봉왕(Tetrarch): 소규모의 땅을 통치하는 사람(예: 유대 분봉왕 등)

서기관(Tteacher): 유대교에서 모세의 율법에 정통한 학자로, 학당이나 회당에서 율법을 가르쳤음

사도(Apostle): 하나님 편에서 오는 소리를 인간에게 전하는 자

전도자(the Evangelist): 초대교회의 특별한 직임으로, 복음을 전하는 일에만 열중한 자

제사장(Priest): 하나님과 사람 사이의 중재자 역할을 담당. 신약에서 그리스도를 대제사장으로 언급함(히 4:14)

외식하는 자(The hypocrites): 성경에서는 상징적으로 '위선자'를 의미

의로우신 재판장(The righteous Judge): 심판 날 임하실 예수 그리스도

도고(Intercession): 남을 위하여 간구하는 중보의 기도(딤전 2:1)

묵시(Revelation): 하나님의 성령으로 나타내 알려주는 계시

마스길(Maskil): 교훈

연보(collection): 하나님의 일, 즉 복음 전파와 구제를 위하여 성도들이 드리는 금전이나 물건(고전 16:1)

은사(Gift): 하나님께서 내려주시는 재능, 소질, 선물

은혜(Favor): 아무 대가 없이 받는 것

에봇(Ephod): 대제사장의 겉옷

홀(Scepter): 왕이 손에 쥐는 지팡이로서 왕권의 상징

미가엘(Michael): 일곱 천사장 가운데 하나. 이스라엘 자녀들의 모든 병과 각종 상처를 주관한다고 생각했음.

두란노 서원(lecture hall of Tyrannus): 에베소의 철학 강연 장소로, 철학자이며 수사학자인 투란누스의 이름을 딴 것임. 사

도 바울이 여기서 오전 11시부터 오후 4시까지 강의했다고 전해짐.

공회(Sanhedrin): 유대인 지도자들의 최고회의. 이스라엘 12지파에서 각 지파마다 6인씩 뽑아 구성된 72인 회의로서 제사장, 장로, 서기관 등으로 구성함. 제사장과 장로는 사두개파, 서기관은 바리새파였음

회당(Synagogues): 유대인들의 중심적인 종교 집회소로, 바벨론 포로 기간에 생긴 것으로 추측됨

네게브(Negev): 보통 남쪽을 뜻함. 가나안 땅의 남쪽 지역을 일컬음

동방(the East): 별들이 떠오르는 곳이라는 의미로 고대 페르시아, 바벨론을 가리킴

궁창(Firmament): 지구를 둘러싸고 있는 대기권의 넓은 공간

마귀(Devil): 하나님의 적대자인 사탄(Satan)의 별칭

무저갱(Abyss): 벌을 받아 떨어진다는 밑도 끝도 없는 구렁텅이

스올(Sheol): 히브리어로 음부라 번역, 구약에 66회 사용됨. 무덤, 죽은 자들의 영혼이 머무는 곳이란 의미

열린 무덤(Open graves): 마음의 부패함을 표현한 말

제6장

신·구약 중간기의 문헌
(유대인들이 남긴 문서)

1. 70인역(LXX) 성경: 히브리어를 헬라어로 번역한 성경
2. 구약성경의 정경화 과정
3. 신 · 구약 중간기의 문헌

1

70인역(LXX) 성경: 히브리어를 헬라어로 번역한 성경

1) 시기: BC 3세기 중엽(BC 280-250), 이집트 프톨레마이오스 왕조의 프톨레마이오스 2세 필라델포스 왕 재임 시기

2) 장소: 이집트 알렉산드리아

3) 방법: 유대에서 율법학자 72명(혹은 70명)을 선발하여 초빙함

4) 번역 과정

① 처음에 모세오경만 번역
② 200여 년에 걸쳐 구약성경 39권 번역
③ 후대 BC 50년경까지 15권이 추가되어 구약성경 54권이 됨

5) 성경의 세계화: 70인역 성경이 헬라 제국으로 퍼짐

① 디아스포라 유대인들과 헬라 문화권에 속한 로마 교회와 유럽 교회들이 70인역 성경을 주로 사용함

② 유대 본토에서는 히브리어 성경 사용

2

구약성경의 정경화 과정

1) AD 90년 얌니아(예루살렘 부근의 지역) 회의

① 구약 표준역 39권을 정경으로 인정

② 후대에 번역된 15권은 정경에서 제외시킴

2) AD 390년 로마 교회(가톨릭)

① 70인역의 헬라어 성경을 라틴어로 번역

② 구약 39권을 정경으로 인정, 후대의 15권을 외경으로 분류하여 이 라틴어 성경을 불가타(Vulgate) 성경이라 부름

③ 불가타 성경은 종교개혁 당시까지도 가장 권위 있는 성경으로 가톨릭교회에서 경전으로 사용되었음

3) AD 1546년 트리엔트 공의회(가톨릭)

• 후기 15문서 가운데 11문서(7권)를 제2정경으로 승격시켜 구약성경을 46권(39+7)으로 하여, 이 성경이 현재 가톨릭교회의 정경이 되었다.

4) AD 1517년 종교개혁

• 마르틴 루터가 독일어 성경 번역 작업 시 불가타 성경 대신 히브리어 원어 구약성경을 번역하면서, 개신교는 구약성경이 39권으로 확정됨

5) 결국 개신교는 구약 39권, 신약 27권, 도합 66권을 정경으로 하고, 구교(가톨릭)는 구약 46권, 신약 27권, 도합 73권을 정경으로 확정함

3

신·구약 중간기의 문헌

1) 외경(外經): 후대에 번역된 15권

① 본래의 히브리어 성경 외에 따로 첨가된 자료들로서, 70인역 성경의 심의 대상에서 제외된 것들을 개신교에서 부르는 이름

② 외경(헬라어로 된 15권의 후기 문서) 명세: 1957년 영어 개역표준성서(Revised Standard Version)에 실린 각 권의 명칭

- 제1에스드라(The First Book of Esdras)
- 제2에스드라(The Second Book of Esdras)
- 토비트(Tobit)
- 유딧(Judith)
- 에스더 부록(The additions to the Book of Esther)
- 지혜서(The Wisdom of Solomon)
- 집회서(Ecclesiasticus 혹은 the Wisdom of Jesus the Son of Sirach)

- 바룩(Baruch)
- 예레미야의 편지(The Letter of Jeremiah)
- 아자리야의 기도와 세 젊은이의 노래
  (The Prayer of Azariah and the Song of the Three Young Men)
- 수산나(Susanna)
- 벨과 용(Bel and Dragon)
- 므낫세의 기도(The Prayer of Manasseh)
- 마카베오 상(The First Book of Maccabees)
- 마카베오 하(The Second Book of Maccabees)

2) 위경(僞經)

① 위경은 '거짓 이름(가명)으로 기록된'이라는 뜻으로, 70인역 성경의 심의 대상도 되지 못했던 것들을 개신교에서 부르는 이름

② 약 17개에 달하는 문헌

- 팔레스타인에서 기원한 위경: 12개
- 헬라에서 기원한 위경: 5개

③ 시기: 위경은 외경을 포함해 예수 탄생 이전 몇 세기 동안, 즉 신·구약 중간기와 AD 1세기에 기록되었다.

3) 사해 두루마리 사본(The Dead Sea Scrolls)

• '쿰란 사본'이라고도 부른다.

① 1947년 이후 팔레스타인 사해 부근과 몇몇 계곡에 위치한 동굴에서 발견한 많은 히브리 문헌의 포괄적 명칭이다.

② 팔레스타인의 언어, 역사, 문화 및 종교를 연구하는 데 좋은 자료가 된다. 특히 신 · 구약 중간 시대와 기독교 이해에 많은 도움을 준다.

③ 이 문서들은 대부분 양피지에 쓴 것인데, 현재까지 발견된 것 가운데 8.6m에 달하는 것도 있다.

④ 쿰란의 필사본과 자료들은 양피지와 파피루스 동판에 기록되었다.

⑤ 이 사본들의 연대별 순서

• 1951년 헤브론 동편의 사해로 들어가는 와디 다라야 지방의 무라바아트(Murabbaat)의 두 동굴에서 자료가 발견되었다. 로마의 통치 기간인 AD 131-135년에 일어났던 제2의 유대인 반란 관련 자료이다.

• 1952년 비잔틴 왕조의 폐허 키르벳 미르드(Khirbet Nird)에서 발견된 자료들은 헬라어, 히브리어, 팔레스타인의 아랍어로 기록되었다. 기독교 시대의 AD 5-8세기의 것으로 추측된다.

• 1960년과 1961년 엔게디(En Gedi)의 남쪽 유대광야에 있는 나할 헤버(Nahal Hever)와 나할 세엘림(Nahal Se'elim)에서 탐사 중이던

사해 두루마리 사본이 발견된 쿰란 동굴

히브리대학의 고고학자들에 의하여 발견되었다. 1960년 '두루마리의 동굴'이라는 나할 세엘림에서 바르 코흐바의 시대에 누군가 그곳에 거주했다는 증거가 발견되었다. 또한 나할 헤버의 '편지의 동굴'에서 바르 코흐바 자신이 쓴 편지의 단편들과 15개의 파피루스가 보존되고 있음을 발견하였고, 1961년 그곳에서 50통 또는 60통의 편지들이 더 발견되었다.

- 1967년 이후 'The Temple Scroll'도 발견되었다.
- 사해 두루마리의 연대: BC 200년부터 AD 70년까지로 추정한다.

*조병호, 《신구약 중간사》, 140–190쪽 참고

제7장

신약 후기

1. 종교개혁의 사람
2. 한국 파송 선교사
3. 그 외 자료

1

종교개혁의 사람

1) 마르틴 루터(Martin Luther)

① 주요 도시: 비텐베르크(Wittenberg)

• 베를린 남쪽 100km 떨어진 인구 5만의 작은 도시로, 루터는 생애 후반 35년을 이곳에서 보냈다.

② 이력

• 1507년 사제 서품

• 1511년 비텐베르크 대학교로 옮김

• 1512년 신학 박사 학위 받음

• 1513년 성서학 강의

• 1515년 아우구스티누스 수도원 10곳을 감독

③ 새로 발견한 복음의 씨앗을 전파했다.

• 1517년 10월 31일에 비텐베르크 성 교회 정문에 '95개조의 논제'를 게재했다. 당시 교황 레오 10세가 성 베드로 대성당 건축비 조달을 위하여 면죄부를 발매하자, 교황과 천주교회의 부당한 처사를 비판하는 문서를 전격 게시하여 종교개혁의 봉화를 높이 들었다.

④ 종교개혁이 일어나기 직전 교회 상황

• 성경은 오직 성직자에게서만 읽히고 연구되었다.

• 일반 성도들은 성경을 만져 볼 수도 읽어 볼 수도 없었다.

• 일반 성도들은 라틴어로 쓰인 성경을 구하기도 어려웠다.

• 당시 교회는 선행을 구원의 조건이라고 강조했다

• 그런 의도로 성도들에게 돈을 받고 죄를 사한다는 면죄부 판매를 하였다

⑤ 마르틴 루터의 종교개혁 운동의 성경적 근거

"또 하나님 앞에서 아무도 율법으로 말미암아 의롭게 되지 못할 것이 분명하니 이는 의인은 믿음으로 살리라 하였음이라"(갈 3:11).

"복음에는 하나님의 의가 나타나서 믿음으로 믿음에 이르게 하나니 기록된바 오직 의인은 믿음으로 말미암아 살리라 함과 같으니라"(롬 1:17).

"보라 그의 마음은 교만하며 그 속에서 정직하지 못하나 의

인은 그의 믿음으로 말미암아 살리라"(합 2:4).

• 이런 말씀들을 통하여, 구원의 조건이 인간의 선행 곧 율법 준수가 아니며 오직 믿음으로만 의롭게 되므로 구원을 받을 수 있음을 밝히기 위해 개혁의 횃불을 들었다.

⑥ 루터가 깨달은 구원의 복음을 적용한 신앙생활 지침

• 모든 성도들이 함께 성경으로 돌아가야 한다는 운동

• 칭의의 믿음을 갖고 살아야 한다.

• 구원은 사람의 선행으로가 아니라 오직 믿음(하나님의 은혜)으로만 가능하다.

• 속죄는 회개로 말미암아 그리스도를 통해서만 가능하다.

• 복음과 진리 되신 예수님만 구세주(메시아)가 되신다.

• 유일하신 중보자 예수님의 이름으로만 하나님께 기도드릴 수 있다.

• 예수님을 믿는 성도는 모두 하나님께 나아갈 수 있는 제사장이다(만인제사장).

• 말씀 중심의 예배를 드려야 한다.

"그러므로 형제들아 내가 하나님의 모든 자비하심으로 너희를 권하노니 너희 몸을 하나님이 기뻐하시는 거룩한 산 제물로 드리라 이는 너희가 드릴 영적 예배니라"(롬 12:1).

⑦ 종교개혁 운동 과정

• 루터의 95개 논제는 독일어로 인쇄되어 삽시간에 독일 전역은 물론 전 유럽을 강타했다.

• 95개 논제 발표 후 약 5개월이 지난 1518년 4월, 로마 가톨릭 교회는 루터를 견제하기 위하여 그에게 하이델베르크에서 열리는 아우구스티누스 수도회 모임에 참석하여 그의 주장을 소개하도록 요구하였다. 그 결과 오히려 루터의 주장이 온 세상에 전해지고 루터의 수많은 추종자가 생겼다.

• 1520년 6월에는 60일 이내에 루터가 자신의 주장을 철회하지 않으면 그와 그의 동료 모두를 파면한다는 교황의 교서가 발표되었다.

• 1520년 12월, 루터가 학생들과 함께 교황의 교서뿐이니라 로마 교회 법전을 불태우는 화형식을 거행했다.

• 1521년 1월 3일, 루터는 교황 레오 10세로부터 영원한 파문 선고를 받고 신성로마제국 의회에서 추방당해 법외자(도망자) 신세가 되었다.

• 그 후 루터는 프리드리히 제후의 보호 아래 독일 동부의 소도시 아이제나흐(Eisennach)에 바르트부르크 성(해발 400m 천혜의 요새)에서 9개월간 숨어 지내면서 11주 만에 라틴어 신약성경을 독일어로 번역하여 마침내 1521년 9월에 완역했다. 그래서 이것이 바로 '9월 성서'로 불리는 성경으로 날개 돋친 듯 팔려 나갔고, 종교 개혁의 불길도 확산되었다

• 이어서 루터가 2년에 걸쳐 신 · 구약 성경을 독일어로 번역하였다. 이 '루터의 성경'은 당대 베스트셀러가 되었고, 이 성경이

유럽 여러 민족의 잠자던 의식을 일깨웠다.

• 루터의 종교개혁이 승리하여 탄생한 것이 바로 개신교이다.

• 프리드리히 제후는 1525년 루터가 42세에 결혼했을 때 아우구스티누스 수도원에 살도록 해주었는데, 그의 아내 카타리나 폰 보라는 26세로 종교개혁에 공감해 수도원을 탈출한 수녀였다. 두 사람은 결혼해서 여섯 자녀를 얻고 살았으며, 루터는 63세(1483-1546)에 하나님의 부르심을 받았다.

2) 칼뱅(Jean Calvin)

① 개신교의 장로교회를 창설한 프랑스 출신의 종교개혁자로, 복음주의적인 프로테스탄트교를 확립했다.

② 그에게 주신 하나님의 말씀

"그가 찔림은 우리의 허물 때문이요 그가 상함은 우리의 죄악 때문이라 그가 징계를 받으므로 우리는 평화를 누리고 그가 채찍에 맞으므로 우리는 나음을 받았도다"(사 53:5).

이 말씀을 읽는 중에 칼뱅은 하나님의 음성을 들었다.

③ 이단의 박해를 피해 스위스에 머무는 동안 그의 대표작인 《기독교 강요》를 저술했다. 그가 27세 때 완성한 이 책은 불후의 명작으로 우리 개신교의 기본을 정리한 책이라 할 수 있다.

④ 칼뱅과 칼뱅을 지지하는 사람들의 5대 신앙고백은 이것이다.

• 오직 말씀, 오직 은혜, 오직 믿음, 오직 그리스도, 오직 하나님께 영광

⑤ 칼뱅의 5대 교리는 다음과 같다.

• 전적 타락(전적 무능력):
  사람은 전적으로 타락했으므로 자력 구원은 불가능함
• 무조건적 선택:
  선택은 오직 하나님의 주권적 의지로 예정되었음
• 제한적 속죄(특별 속죄):
  그리스도의 구속 사역은 예정된 자에게로 제한되었음
• 불가항력적 은총:
  하나님의 부르심(선택)을 사람은 거절할 수 없음
• 성도의 견인:
  하나님의 선택된 구원은 영원 구원임(한 번 구원은 영원한 구원임)

⑥ 칼뱅은 55세에 작고했다(1509-1564).

3) 존 웨슬리(John Wesley, 1703–1791)

① 18세기 영국이 낳은 위대한 전도자이자 신학자인 동시에 유능한 교회 행정가

② 그는 침체된 영국 성공회를 비판하다가 파면되어 감리교회를

창설하였고, 미국으로 건너가 주로 그곳에서 사역하였다(1703-1791).

③ 존 웨슬리의 기도문

사랑의 아버지, 우리를 도와주십시오.
아버지와 모든 이웃에게 해야 하는 우리의 책임을
조심스럽게 부지런히 열심히 인내심을 가지고 감당하게
해주십시오.
대화할 때 겸손하고 친절하게 하시고
자신의 일을 추진할 때 조심스럽고 신중하게 해주십시오.
우리에게 일어나는 모든 일 속에서 아버지의 자애로운 손길을
보고 그 은혜를 감사하며,
아버지의 채찍을 맞을 때 잘 참게 해주십시오.
언제나 착한 말과 행실을 하도록 준비하게 해주십시오.

④ 성결교회(Holiness Church)

• 성결교회는 19세기 말 미국에서 감리교 창시자인 존 웨슬리의 완전주의적 입장을 강조하며 형성된 교회이다.

• 기독교인은 내적인 죄뿐만 아니라 외적인 죄로부터 자유로울 수 있어야 완전한 성결에 이를 수 있다고 한다.

• 20세기 초 미국에서 활발히 진행되던 성결운동의 기원이 바로 이들이라 할 수 있다.

2

한국 파송 선교사

1) 토머스(Robert Jermain Thomas)

① 1840년 9월, 영국 웨일즈 하노버 교회(1644년 설립) 목사의 아들로 태어나, 14세에 옥스퍼드 대학 장학생으로 입학한 수재였다.

② 1863년, 목사로 안수 받은 후 런던 선교회 소속으로 중국 선교사로 파송되었다(24세). 중국에서 복음을 전하다가 아내의 죽음(병사) 후 마지막 사역지로 조선을 택했다.

③ 1865년, 1차 조선 선교 여행을 위해 조선으로 가는 도중 서해에서 풍랑을 만났다. 배가 난파되어 우연히 백령도에 머무르며 조선말을 배워 복음을 전하고, 조선 선교를 위해 2개월여 동안 조선 연안을 탐사한 후 백령도에 10개 처, 대청도에 4개 처, 소청도에 1개 처의 교회를 세웠다.

④ 1866년 8월, 대원군 집권 3년 차 때에 2차 조선 선교 여행을 했다. 미국 상선 제너럴셔먼호에 통역사로 탑승, 중국 지푸 항에서 중국어 한문 성경책을 가득 싣고 승선하여 조선(평양)에 입국하였다.

⑤ 1866년 9월 2일, 제너럴셔먼호 사건이 발생하였다(병인양요). 상선이 대원군의 쇄국정책에 의하여 입항을 거절당하였다. 조선 관군의 공격을 받아 상선은 불탔고, 토머스 선교사는 마지막 순간까지 선교에 임했다. 자신의 목을 베려는 사람을 향해 성경책을 전하다 칼로 죽임을 당했다. 27세의 나이로 생을 마감한, 한국 개신교 최초로 순교한 선교사가 되었다.

⑥ 한국 교회가 오늘과 같이 발전하고 부흥된 것은 선교사의 핏값이었다. 토머스 선교사에 의해 전해진 성경책이 훗날 장대현 교회를 세운 것이다.

2) 사무엘 마펫(Samuel Moffett)

① 1890년, 26세 나이로 미국 북장로회 선교사로 내한, 1936년까지 복음을 전하였다(1864-1939).

② 1901년, 평양을 중심으로 1천여 교회와 300여 학교를 세웠고, 평양장로회신학교를 설립하고 초대 교장에 취임하였다. 평양장로회신학교는 그 후 길선주, 김익두, 주기철 등 800여 명의 목

사를 배출하였다.

③ 1907년

• 한국 교회 최초의 목사 7명이 안수를 받았다. 한석진, 서경조, 이기풍, 길선주, 박기창, 손인서, 양전백이다.

• 이들은 1903년 평양장로회신학교에 입학하여 졸업 후 목사 안수를 받았다.

• 이기풍 목사는 한국 최초의 선교사로 제주도에 파송되었다.

④ 1936년, 신사참배에 반대하여 72세에 미국으로 강제 추방되었다.

3) 알렌(Horace Allen)
– 한국 최초의 의료 선교사(1858-1932)

① 1884년 9월 20일, 중국에 파송된 미국인 선교사로서 26세에 서울 주재 미국 공사관 소속 의사로 우리나라에 들어왔다.

② 1884년 12월 4일, 갑신정변으로 중태에 빠진 명성황후의 조카 민영익을 4일 만에 소생시킴으로 통정대부의 관직을 받아 고종황제와 명성황후의 어의로 임명되었다.

③ 1885년 1월 22일, 대리공사를 통해 '서양식 병원 설립'을 조선 정부에 건의하였다. 건의 내용은 '병원 건물과 운영비는 조선

정부가 부담하고 알렌의 생활비는 미국 자선 단체가 지원하기로 한다'는 것이었다.

④ 그해 4월 10일에 한국 근대 병원의 문을 열게 되었는데, 이것이 연세대 세브란스 병원의 전신이 되었다. 12일에는 고종이 '광혜원'(House of Extended Grace)이라는 이름을 하사하였다. 그후 '제중원'(House of Universal Helpfulness)으로 개칭하고, 병원은 조선 정부와 미국 북장로교 선교부가 공동으로 운영하게 되었다.

⑤ 1886년 3월 29일, 제중원 의학교 개원으로 의학생 16명을 선발, 최초로 서양 의학 강의를 받게 되었다. 언더우드(Horace Underwood) 선교사는 화학과 예과 과정을 가르쳤다.

장로교 선교사인 언더우드는 1885년 4월 5일(부활절)에 감리교 선교사인 아펜젤러(Henry Appenzeller) 부부와 함께 제물포를 통해 조선으로 입국하였고, 아펜젤러도 제중원에서 함께 일하였다.

⑥ 알렌은 조선 정부로부터 미국 공사관을 통해 '국왕의 어의' 사례비로 매달 50원을 받았다. 제중원이 성공적으로 운영되자 알렌은 한국 내 의료진 양성을 위해 의학 교육을 추진하고, 고종은 제중원 북쪽의 가옥을 구입해 학교 교사로 사용하게 하였다.

⑦ 1887년, 조선 정부가 알렌을 주미 한국 공사관 참찬관으로 임명, 그가 워싱턴으로 돌아가자 제중원의 의학 교육이 축소되었다.

4) 언더우드(Horace Grant Underwood)
– 공식적인 최초의 장로교 선교사

① 언더우드 선교사의 한국 선교 활동

• 1885년 4월 5일(부활절), 일본 요코하마를 출발하여 나가사키와 부산을 거쳐 온 배에서 벽안의 20대 남녀 셋이 제물포에 도착하였다. 그들은 장로교 언더우드(26세)와 감리교 선교사 아펜젤러(Henry Appenzeller) 부부였다.

• 1886년 3월에 제중원 의학교가 개원(학생수: 16명)한 후 언더우드는 화학, 물리학 등 예과 분야를 가르쳤다. 그러다가 독자적으로 조선 정부로부터 고아원 개설 허락을 받고, 집 옆에 있는 건물을 500달러에 구입하여 고아원(언더우드 학당)을 설립했다. 당시 이 학교 출신으로는 민족 지도자인 김규식 박사, 도산 안창호 선생 등이 있었다.

• 1887년 9월, 한국 최초의 교회 조직인 '새문안교회'를 한국인 14명과 함께 설립하였다.

• 1889년, 제중원 의사인 릴리어스 호튼(명성왕후의 시의)과 결혼하였다. 릴리어스는 의료 선교사이자 탁월한 문필가로, 언더우드의 어린 시절부터 그때까지의 한국 선교 활동을 기록한 《한국의 언더우드》를 출간하였다.

• 1901년, 고아원이었던 언더우드 학당을 확장, 오늘날 경신중 · 고등학교의 전신인 경신학교를 설립하여 교장에 취임하였다. 그리고 1915년에는 경신학교에 대학부(연희전문학교 전신)를 개설하고 교장에 취임하였다.

• 1915년 3월, 서울 YMCA에서 조선기독교학교(Chosun Christian College)를 설립하였다. 당시 학생 수는 60명, 교직원은 18명이었으며 교장은 언더우드, 부교장은 세브란스 병원의학교 교장인 에비슨(Oliver Evison)이었다.

• 1916년 4월, 건강 악화로 미국으로 출국하여 치료받는 중에도 찰스 스팀슨으로부터 25,000달러를 기부받아 연희전문학교의 최초 건물 '스팀슨 홀'을 건축하였고, 사촌형 존 언더우드(John T. Underwood)로부터 52,000달러를 기부받아 지금의 신촌 캠퍼스 부지를 매입할 수 있었다.

1916년, 57세의 나이로 하나님의 부르심을 받았다.

② 언더우드 선교사의 업적들

• 20여 개의 교회 설립: 대표적으로 새문안교회(1887년 9월 설립)가 있고, 서교동교회, 김포제일교회, 행주교회, 능곡교회, 신사동교회, 시흥교회, 양평동교회 등을 설립했다.

• 기독교 단체 창립: YMCA, 대한기독교서회, 대한성서공회

• 기독교 서적 출판: 《한국어 문법》, 《한영사전》, 〈그리스도 신문〉 등

* 모교에 세워진 언더우드 선교사 동상에 새겨진 '세 마디 글귀'

• Messenger of God(하나님의 사자)

• Follower of Chirst(그리스도의 제자)

• Friend of Korean(한국인의 친구)

* 기타 선교사

• 아펜젤러: 정동제일교회, 배재학당 설립

• 스크랜턴 모자: 아현감리교회, 동대문교회, 상동교회 설립

③ 언더우드 선교사의 자손들(2018. 4)

대	한국명	영어	관계	년도	적요
1대	원두우	Horace Grant Underwood	본인	1885 -1916 (31년간)	공식적인 최초의 장로교 선교사 –제중원에서 화학과 물리학 가르침 –경신중·고등학교 설립 –새문안교회 등 21개 교회 설립 –연희대학교 설립 –YMCA. 대한기독교서회, 대한성서공회 설립 –《한국어 문법》,《한영사전》 편찬
2대	원한경	Horace Horton Underwood	장남	1951(61세)	한국에서 태어나고 자라고 부산에서 영면
				1919	3.1운동 당시 '제암리 학살사건' 외국에 폭로
				1928	연희전문학교 부교장
				1934	연희전문학교 교장 일제에 의해 6개월간 수용소에서 고초당하고, 미국으로 강제 추방당함
				1945	해방 즉시 귀환
				1946	연희대학교 설립 허가받음
				1947	연희대학교 명예총장

대	한국명	영어	관계	년도	적요
				1949	괴한에 의해 집 피습, 부인 에델 여사 사망
				1950	건강 치료 차 미국으로 출국
				1950. 6.	한국전쟁 발발, 한국으로 귀한
					–첫째 아들 원일한: 미해군, 인천상륙작전 참가
					–둘째 아들 원득한: 미육군으로 참전
3대	원일한	Horace Grant Underwood Jr.	장남	1917-2004	–연세대 영문학과 교수, 재단이사 –일생을 한국의 교육과 선교 활동 –한국전쟁 당시 연희대학교 복구 사업 –인천상륙작전 시 미해군 정보부 활동 –국민훈장 모란장 –인촌문화상 한미우호 협회장
	원득한	Richard Underwood	차남		미국 거주(90세)
4대	원한광	Horace Horton Underwood	장남		연세대 교수 재단이사 미국으로 귀한
	원한석	Peter A. Underwood	3남	1955년생	재단이사 한국에서 컨설팅 비즈니스

3
그 외 자료

1) 추수감사절(Thanksgiving Day)의 유래(청교도의 신앙 역사)

① 1517년 10월 31일, 마르틴 루터가 종교개혁을 일으킨 후 그 개혁운동이 전 유럽을 휩쓸었다. 이에 '피(blood)의 메리'라고 불리는 영국 여왕 메리 1세(1516-1558, 남편은 스페인의 필리페 2세)가 잔학하고 혹독한 방법으로 개혁운동을 하는 신교도들을 탄압, 처형, 추방하였다.

② 이처럼 핍박을 받은 청교도들은 영국에서 종교의 자유를 찾아 1620년 9월, 126명(남자 78명, 여자 48명)의 청교도들이 메이플라워호를 타고 대서양을 건너 67일 만에 미국의 북쪽 매사추세츠주 플리머스 작은 항구에 도착하여 하나님께 감사기도를 드렸다.

③ 그들은 전혀 다른 환경과 기후 적응의 어려움, 원주민과의

싸움 등으로 많이 희생되었다. 그래도 그들은 1년 동안 낙심하지 않고 역경을 딛고 열심히 농사를 지어, 첫 수확으로 예배당을 짓고 1621년에 첫 번째 추수감사주일을 지켰다.

④ 또한 자녀들에게 성경을 가르치기 위해 학교를 지었는데, 그학교가 세계적으로 유명한 하버드 대학(1636년)과 예일 대학(1701년)이 되었다. 이렇게 순수한 믿음으로 하나님께 추수감사주일을 지킨 것이 미국의 추수감사절의 유래이고, 매년 11월 셋째 목요일을 추수감사절로 지키고 있다.

⑤ 그들은 믿음의 조상인 청교도들이 심어 놓은 씨앗으로 인해 복을 받고 있는 것이다. 그래서 지금 미국은 세계 일등 국가, 강대국이 되었다. 감사는 축복을 가져오는 지름길이다.

2) 크로스비(Fanny Jane Crosby) 여사

① 뉴욕 남동부 푸트남에서 출생. 영국에서 건너온 전통 있는 청교도 집안(매우 신앙심 깊은 믿음의 가문)이었고, 하버드 대학교의 설립자 중 한 사람

② 생후 6개월이 되었을 때 눈병이 발생하여 치료받던 중에 의사의 실수(잘못된 약물 치료)로 시각 장애자가 되었다.

③ 그녀가 30세 되었을 때 교회의 집회에 참석하여 찬송가 143

장(I. Watts 작사, 1707년)을 들으며, 그 삶에 일대 변화를 맞이했다. “웬 말인가 날 위해 주 돌아가셨나 이 벌레 같은 날 위해 큰 해 받으셨나”라는 가사의 찬송가였다. 주님이 자신을 위해 돌아가셨다는 사실이 믿어지기 시작한 것이다. 영의 눈이 열려 주님의 십자가와 부활을 믿게 되었다. 그녀는 감격의 눈물로 주님을 영접하고 주님을 향한 새로운 세계를 경험한 후 찬송을 작사하기 시작하였고, 감사의 인생을 살았다.

④ 평생 9,000편의 찬송가를 작사하였다. 그녀의 찬송가는 대부분 우리에게 익숙한 것들로서 지금 우리가 사용하는 찬송가에는 그녀가 작사한 21곡의 찬송가가 수록되어 있다.

⑤ 95세에 하나님의 부르심을 받았다(1820-1915).

* 크로스비 여사의 작사 찬송가
• 큰 글 성경(개역 개정 4판) 수록

찬송가 / 장	찬송가 제목	작사 연도
31	찬양하라 복되신 구세주 예수	1869년
40	찬송으로 보답할 수 없는	1885
176	주 어느 때 다시 오실는지	1820-1915
240	주가 맡긴 모든 역사	1820-1915
255	너희 죄 흉악하나	1871

찬송가 / 장	찬송가 제목	작사 연도
279	인애하신 구세주여	1868
288	예수를 나의 구주 삼고	1873
361	기도하는 이 시간	1880
380	나의 생명 되신 주	1875
384	나의 갈 길 다 가도록	1875
391	오 놀라운 구세주	1820-1915
417	주 예수 넓은 품에	1868
435	나의 영원하신 기업	1820-1915
439	십자가로 가까이	1869
454	주와 같이 되기를	1867
498	저 죽어가는 자 다 구원하고	1869
531	자비한 주께서 부르시네	1883
532	주께로 한 걸음씩	1873
540	주의 음성을 내가 들으니	1875
608	후일에 생명 그칠 때	1892
615	그 큰일을 행하신	1875

3) 우리 민족을 향한 '하나님의 구원의 역사'

• 1886년 9월, 토머스 선교사는 순교하기 전 12살의 소년 최치

량에게 중국어 성경책 3권을 주었고, 그는 이 성경들을 평양 영무주사(평양성 관리) 박영식에게 건네주었다. 박영식은 중국어 성경을 찢어서 그 종이로 자신의 방에 도배를 하였다. 그는 벽에 붙여진 사방의 성경을 읽으며 믿음이 생겨 예수님을 믿게 되었고, 그 후 최치량이 박영식의 집을 사서 여관으로 사용하였다.

• 1890년 1월, 마펫(S.A. Moffett, 마포삼열) 선교사와 리(Graham Lee) 선교사가 그 여관에 머물면서 최치량이 마펫 선교사에게 세례를 받았다.

• 1893년 미국 북장로교에서 평양에 선교부를 설치하고 마펫 선교사를 파송한 후, 최치량의 여관을 구입하여 '평양 널다리골교회'를 세웠다.

• 1894년, 22명이 학습을 받고 7명의 세례 교인을 세웠다.

• 1898년, 한국 최초로 부인전도회(여전도회)가 조직되었다.

• 1899년 평양 널다리골교회는 장대재교회로 불리고, 훗날 장대 교회가 되었다.

• 병인양요 때 토머스 선교사를 참수했던 병사 박춘권이 결국 토머스 선교사가 준 성경을 읽고 믿음으로, 마펫 선교사에게 세례를 받으면서 교회에 큰 부흥이 일어났다. 이때 신도 수는 이미 1,000여 명이었으며, 교회를 신축하기도 하였다.

1903년, 신축 교회를 완공하고 교회 명을 장대현교회라 하였다.

1904년, 길선주가 조사로 시무하고, 새벽기도회가 시작되었다.

1907년 1월, 장대현교회의 부흥사경회(14-15일)에서 놀라운 성령의 역사가 나타났다. 이렇듯 토머스 선교사의 순교는 평양 대부흥운동과 깊은 관계가 있으며, 길선주 목사가 취임하고 우리나라 기독교사에 길이 남을 '평양 대부흥회'가 개최되었다.

1936년 장대현교회에서 분리된 교회 중 하나인 산정현교회에 순교자 주기철 목사가 시무하였다.

부록

성경의 중요 어휘

1. 하나님
2. 말씀
3. 직분
4. 하나님의 복음
5. 단어별
6. 그 외의 여러 가지 단어들

1
하나님

1) 성부 하나님

하나님	① God
	② the Godhead
살아계신 하나님	the living God
전능하신 하나님	① God Almighty
	② the Mighty God
아버지 하나님	God the Father
주 여호와	the Lord God
지극히 높으신 하나님	The Most High God
만군의 여호와	① the Lord of host
	② the Lord Almighty
유일하신 하나님	God only
온땅의 하나님	the God of the whole earth
만군의 주	the God of host
영원하시는 아버지	everlasting Father
하늘 아버지	heavenly Father
아버지	the Father
전능자	① the Almighty
	② the Mighty one
대 주재	the Sovereign Lord

무소부재하신 분	the Omni Present One
지극히 크신 이	the Majesty
여호와의 영	the Spirit of the Lord
여호와의 전	the house of the Lord
하나님의 보좌	God's throne
하나님의 형상	the image of God
하나님의 성령	the Spirit of God
하나님의 복음	the gospel of God
하나님의 성민	the People holy to God
여호와의 영	the Spirit of the Lord
하나님의 권속	member of God's household
하나님 나라의 비밀	the mysteries of the kingdom of God
진리로 하나님의 도	the way of God in truth
하나님 앞에	at God's sight
하나님 앞에서	① in the sight of God
	② in God's presence
나의 하나님 여호와	the Lord my God

2) 성자 하나님(예수 그리스도)

하나님의 아들	the Son of God
아버지의 독생자	the only begotten son of the Father
우리 주 예수 그리스도	Jesus Christ our Lord
주 예수 그리스도	the Lord Jesus Christ
우리 주 곧 구주 예수 그리스도	Our Lord and Savior Jesus Christ
우리 주 예수	Jesus our Lord

우리 구주 예수 그리스도	Our Savior Jesus Christ
그리스도 주	Christ the Lord
구세주, 구원자	the Savior
구속자, 구세주	Redeemer
지극히 높으신 이의 아들	the Son of the Highest
만유의 상속자	heir of all things
인자	the Son of man
사람이신 그리스도 예수	the man Christ Jesus
예수 그리스도의 믿음	the faith of Jesus Christ
그리스도 안에서 죽은 자	the dead in Christ
그리스도를 경외하므로	out of reverence for Christ
여호와 앞에서	① before the Lord
	② in the presence of the Lord
주의 만찬	the Lord's supper

the Lord	① 여호와
	② 하나님 여호와
	③ 하나님
	④ 주
	⑤ 그리스도

3) 성령 하나님(the Holy Spirit)

하나님의 영	the Spirit of God
여호와의 영	the Spirit of the Lord
그리스도의 영	the Spirit of Christ

진리의 영	the Spirit of truth
은혜의 성령	the Spirit of grace
보혜사	① the Counselor
	② the Comforter
하나님의 씨	God's Seed
성령	the Spirit
성령의 검	the sword of the Spirit

2
말씀

1) 계명

계명, 명령	commands
율례, 규례	decrees
율법, 법도	laws
증거, 교훈	statutes
증거, 교훈	testimony
법도, 교훈	precepts
규례	ordinances
언약	① covenant
	② pledge
	③ promise
	④ testament
말씀	① words
	② message
	③ speech
	④ saying
도, 행실	ways
계시	revelations
계시, 예언, 경고	oracle

잠언	① proverbs ② saying
성경	the Holy Scripture

2) 믿음(1)

믿음	① faith ② faithfulness
소망	hope
사랑	① love ② charity
경건	godliness
권면	requirement
결백, 무죄	innocence
관용	① gentleness ② tolerance
경외	fear
공의, 의	righteousness
경험, 체험	experience
근신	discretion
겸손, 정숙	① modesty ② humility
덕, 미덕	virtue
명철, 총명	① understanding ② discernment ③ intelligence ④ insight

몸값, 속전	ransom
믿음의 의	the righteousness of faith
모든 악	all the evil
비유	parable
부귀	wealth & honor
바른 교훈	sound doctrine
불법	① wickedness
	② lawlessness
분별력	discernment
본능, 천성	instinct
불의	① unrighteousness
	② wickedness
	③ iniquity
복지, 안부	welfare
명성, 평판	① honor
	② fame
	③ renown
사모, 동경	longing
신뢰	confidence
신실	faithfulness
신실한 믿음	sincere faith
선한 양심	good conscience
순교, 수난	passion
속죄	atonement
시험, 유혹	temptation
선함, 양선	goodness
성결, 거룩	holiness

성실	① integrity
	② earnestness
선악	good & evil

2) 믿음(2)

인내, 참음	① patience
	② forbearance
	③ perseverance
	④ endurance
오래 참음	longsuffering
염려	① cares
	② concern
열망, 간절	eagerness
우매함	foolishness
영육	flesh & spirit
웅장	magnificence
영광, 영화	① glory
	② honor
	③ splender
	④ pomp(화려)
은혜, 긍휼	① grace
	② favor
	③ faithful love
위로	① consolation
	② encouragement

은총, 인자	① love ② kindness ③ favor ④ pity
위엄, 풍채	① majesty ② splender
온유	① meekness ② gentleness
양심	conscience
이성	reason
인격, 품성	character
연합	coalition
악	① evil ② wickedness
솔직함	directness
지각	understanding
자비, 긍휼	① mercy ② compassion ③ unfailing love ④ tenderness
진리, 진실	truth
지혜	① wisdom ② discretion
지식	① knowledge ② acknowledgement
존경, 경외	reverence
존귀	honor
정결	purification

진실, 성의	sincerity
정의	justice
징계	① punishment
	② discipline

2) 믿음(3)

절제	① self-control
	② temperance
	③ self-disciplines
자선	charities
정직	① upright
	② honest
	③ justice
죄악, 불법, 불의	iniquity
찬양	praise
축복, 은총	blessing
충성	① faithfulness
	② allegiance
친교	fellowship
품위, 위엄	dignity
편애	favoritism
평결	verdict
친절	kindness
청결한 마음	pure heart
훈계, 징계	① instruction
	② discipline

행운, 행복	blessedness
효도	filial duty
형제 우애	brotherly kindness
평온	quietness
화평, 평강	① peace
	② rent(평안)
허물	① guilty
	② unfaithfulness
통찰력	insight
탁월함	excellency

3) 마음

마음	① heart
	② soul
	③ spirit
목숨	soul
힘	① strength
	② might
뜻	① mind
	② will(의지)
몸	body
영, 심령	spirit
영혼	ghost
성품, 혼	soul

심판	① damnation
	② judgement
	③ condemnation
영생	① eternal life
	② everlasting life
영불	everlasting fire
영벌	everlasting punishment
죄의 값	the wages of sin
천벌	eternal damnation
회개	repentance
불명	immorality
구원	① deliverance
	② redeem
	③ redemption
	④ relief
	⑤ rescue
	⑥ salvation
	⑦ saving

the flesh	① 육신(육체)
	② 몸
	③ 육
	④ 살
	⑤ 고기
	⑥ 만민(all flesh)

Soul	① 마음
	② 목숨
	③ 영혼
	④ 성품
	⑤ 사람
	⑥ 뜻
the souls	사람들

3
직분

1) 선지자

선지자	prophet
성도	saint
세리	publican
세례 요한	John the Baptist
감독	bishop(주교)
대제사장	① the chief priest
	② the high priest
목자	shepherd
백부장	centurion
장로	elder
제자	disciple
중보자	mediator
집사(개신교)	deacon
율법교사	lawyer
입법자	lawgiver
위선자	hypocrites
유태인	the circumcision
청지기	steward
천사장	archangel

2) 나그네

나그네, 낯선 자	stranger
거주민	inhabitants
거류민, 외계인	alien
방랑자, 집시	① bohemian
	② vegabond
순례자	pilgrim
이방인	① stranger
	② alien
외국인	foreigner
체류자	sojourner

3) 병든 자(1)

가난한 자	the poor
거룩한 분	the holy one
괴롭히는 자	tormentor
강포한 자	the ruthless
궁핍한 자	the needy
경건하지 아니한 자	the ungodly
구속받은 자	① the ransomed
	② the redeemed
귀머거리	the deaf
기묘자	wonderful
거지	begger

강도	bandit
나병환자	the leper
낙오자, 패잔병	straggler
농부	husbandman
늙은이	the aged
노년	old age
도망자	fugitive
도둑	thief
망령된 자	the irreligious
맹인	the blind
모사	counselor
병든 자	the sick
비방자	blasphemer
비방하는 자	slanderer
범법자	① lawbreaker
	② the lawless
불의한 자	the unjust
부유한 자	the rich
반역자, 배반자	① rebel
	② traitor
박해자	prosecutor
변절자	pervert
신실한 자	the faithful
사랑받은 자	the beloved
사악한 자	the wicked
술 취한 자	drunkard
술친구	the drunken
사기꾼	swindler

선, 착한 사람	the good
어리석은 자	① the unwise
	② the foolish
오만한 자	the mocker
악, 악한 사람	the evil
의, 의로운 자	the just
위증자	perjurer
엄한사람	an austere man
악한 종	wicked servant
양털 깎는 사람	shearer
온유한 자	the meek

3) 병든 자(2)

절름발이	the lane
장애자, 불구자	the maimed
죄인	the sinful
죽은 자	the dead
지혜 있는 자	the wise
중풍병자	the palsy
침노한 자	the violent
추수꾼	reaper
파종하는 자	the plowman
파수꾼	the watchman
피곤한 자	the weary
폭행자	violent man
타작하는 자	thresher

털 수염이 없는 자	the smooth man
활 쏘는 자	archer
씨 뿌리는 자	the planter

4) 주인

주인	① lord 상전
	② master 선생
	③ householder 집주인
	④ host
	⑤ mistress
노예, 종, 하인	① servant
	② bondman 남종
	③ bondage
	④ minister 제자
	⑤ underling 부하
여종	① maid servant
	② bondwoman
	③ handmaid
	④ maid
동역자	① fellow helper
	② fellow worker
사역자(일꾼)	① servant
	② workman
섬기는 자	minister
동료	① partner
	② fellow servant

백성	① the people
	② citizens
의인	① the righteous
	② the just
	③ just person
	④ just man

4
하나님의 복음

1) 속사람

속사람	inner being
겉사람	outward being
옛사람	old self
새사람	new self
부드러운 마음	a heart of flesh
돌 같은 마음	a stone heart
굳은 마음	a strong heart
신령한 몸	spiritual body
본성	very nature
신성	divine nature
순리	natural relation
신성	unnatural relation
구습	former way of life
육친, 가족	the immediate family
육신, 육체	① human nature
	② human selves
	③ sinful nature
	④ sinful man
	⑤ natural body

2) 이적

이적, 표적	miraclous sign
기사	① wonders
	② marvellous things
기적	miracles
표징, 표적	signs
표적, 증거	token
신비, 비밀	mistery
예표	symbol

3) 창세전

창세 전	before the foundation of the world
태초에, 처음에	in the beginning
창세로부터	from the beginning of the world
창조로부터	from the beginning of the creature
영원 전	before the world begin
원래는	① from the beginning
	② at the beginning
영원 전부터	① before all ages
	② for ages past
만세 전부터	① from everlasting
	② before time began
만래의, 세세에	① from generation to generation
	② forever and ever
영원무궁하도록	forever and ever

영구히 언제까지나	forevermore
영원히	① eternal
	② forever
	③ everlasting

4) 세상 끝에

세상 끝에	at the end of the ages
세상 끝날까지	to the end of the world
땅(지구) 끝까지	① to the end of the earth
	② to the utmost parts of the earth
온 천하에	all over the world
온 땅, 온 세상	① all the land
	② all the earth(세계)
	③ all the world(세상)
	④ all the countries
	⑤ the whole earth
온 땅에	throughout all the land
지면	the face of the earth

5) 성전

성전, 성소	① sanctuary
	② temple
	③ house

장막	tabernacle
회막	the tent of meeting
제단	altar
성물	holy food
지성물	most holy food
진설병	① consecrated bread
	② bread of presence
제물	① sacrifies
	② offering
산 제물	living sacrifices
예물, 헌금	gift
십일조	tithe
십분의 일	the tenth
연보	contribution
절기, 명절, 축제	① feast
	② festival
거제	the holy offerings
낙헌제	the free offerings
번제	the burnt offerings
속건제	the guilt offerings
수은제	the thank offerings
소제	the grain offerings
안식제	the Sabbath offerings
요제	the wave offerings
전제	the drink offerings
화목제	the fellowing offerings
화제	the fire offerings

6) 조상, 혈통

혈통, 가계	① genealogy
	② descent
세대, 족보	generation
조상, 선조, 조부	① forefathers
	② fathers
	③ ancestor
	④ progenitors
자손	① children
	② sons
	③ seed
	④ child
	⑤ generation
	⑥ offspring
후손	① descendants
	② offspring
자식	① offspring
	② child
	③ generation
형제(들)	① brother
	② brethren
친족, 친척	① kindred
	② kinsfolk
친속, 가족, 식구	① family
	② house
가문, 집안, 족속	house
혈육	flesh and blood

살붙이	a close relative
장자	first son
장자권	the first right
독자	only son
상속인, 상속자	heir

children	① 자녀(들)
	② 자식(들)
	③ 자손(들)
	④ 아들(들)
child	① 아이
	② 아들, 딸
	③ 자식
	④ 자손
man child	사내 아이
households	① 집안 사람들(가솔)
	② 한 집안
	③ 집종들
	④ 가족
	⑤ 식구
	⑥ 세대

7) 모든 족속

모든 족속(들)	① all families
	② all nations

<table>
<tr><td>모든 족속(들)</td><td>③ all the kindreds</td></tr>
<tr><td>여러 족속</td><td>a multitudes of people</td></tr>
<tr><td rowspan="5">무리</td><td>① the multitudes</td></tr>
<tr><td>② the people</td></tr>
<tr><td>③ flock</td></tr>
<tr><td>④ all(뭇사람)</td></tr>
<tr><td>⑤ certain(몇 사람)</td></tr>
<tr><td rowspan="3">이방인, 이교도, 이방나라</td><td>① the Gentile</td></tr>
<tr><td>② the heathen</td></tr>
<tr><td>③ all nations</td></tr>
<tr><td rowspan="3">나라</td><td>① country</td></tr>
<tr><td>② nation</td></tr>
<tr><td>③ kingdom</td></tr>
</table>

<table>
<tr><td rowspan="7">all nations</td><td>① 모든 민족</td></tr>
<tr><td>② 모든 족속</td></tr>
<tr><td>③ 모든 나라</td></tr>
<tr><td>④ 모든 백성</td></tr>
<tr><td>⑤ 만민</td></tr>
<tr><td>⑥ 열국</td></tr>
<tr><td>⑦ 모든 이방 사람들</td></tr>
<tr><td rowspan="4">all the people</td><td>① 모든 백성</td></tr>
<tr><td>② 모든 민족</td></tr>
<tr><td>③ 모든 족속</td></tr>
<tr><td>④ 만민</td></tr>
</table>

the Gentiles	① 민족들
	② 이방인들
	③ 열방
	④ 헬라인

8) 권능, 능력

권능, 능력	① the power(권능자)
	② mighty power
	③ strength
	④ the mighty works
권세, 권한, 권위	① power
	② authority
	③ domination
흑암의 권세	domination of darkness
통치, 지배, 주권	① domination
	② rule
집권자	ruler

authority	① 권위
	② 권세
	③ 권한
	④ 당국
	⑤ 관리

9) 복음의 문자(1)

기도	player
가라지	tare
구덩이	pit
감람나무	olive tree
그룹	the cherubim
경례, 경의	obeisance
관유	anointing oil
글자, 글	superscription
구원의 투구	the helmet of salvation
기쁜 소식	glad tidings
두루마리, 책	scroll
독사의 독	the poison of asp
마귀의 간계	devil's scheme
면류관	crown
말세	the fulfillment of the ages
미혹하는 영	seducing spirits
무화과나무	fig tree
발등상(발판)	footstool
뱀의 간계	serpent's cunning
부활	resurrection
순례여행, 인생의 항로	pilgrimage
신성모독	blasphemy
사망과 음부	death and Hades(지옥)
수많은 천군	a multitude of the heavenly host
수전절	the Feast of the Dedication
성호	holy name

선지자 엘리야 때에	in the time of Elias Prophet
열린 무덤	open sepulchres
예배	worship
엘리야 시대에	in the days of Eliah
요람에서 무덤까지	from the womb to the tomb
음부의 권세	power of the gates of hell
왕 같은 제사장	a royal priesthood
왕관, 홀	Sceptre
열왕기	the book of the king
영원한 나라	the everlasting kingdom
양심의 가책	the pang of conscience
일점 일획	one jot or one tittle
위로부터, 하늘에서	from the high
양(선인)	sheep
염소(악인)	goat
유월절	Passover
지극히 작은 하나	one of the least
지파	tribe
지상 만인 중에서	all the peoples on the face of the earth

9) 복음의 문자(2)

좋은 소식	good tidings
지옥불	hell fire
전신 갑주	full armor
죽음의 고통	the pang of death

호심경	breast plate
환송의 잔치	farewell feast
회칠한 무덤	whited sepulchre
화로	smoking furnace
혈통으로나 육적으로나	of blood or the will of the flesh
천국	the kingdom of heaven
천국복음	the gospel of the kingdom
천상	heavenlies
찬송가 작가	psalmist
천하 만민	all the nations of the earth
초승달	Crescent
천사, 사자	angel
신을 찬미하는 시	doxology
최후의 심판일	on the day of reckoning
평강의 왕	prince of peace
포도원	vine yard
풀무불	the fire of furnace
티와 들보	the mote & the beam
하늘의 문	the gate of heaven
하늘의 달	the star of heaven
하늘의 이슬	the dew of heaven
마음을 다하여	with all your heart
목숨을 다하여	with all your soul
온 힘을 다하여	with all your strength
뜻을 다하여	with all your mind

5
단어별

1) 명사(1)

금생	the present
기업, 상속, 유업	① heritage
	② inheritance
거짓말	① falsehood
	② lie
거짓말쟁이	liar
공포	① fear
	② horror
	③ terror
	④ dread
고난, 고통	① hardship
	② trouble
	③ affiliction
	④ anguish
	⑤ suffering
	⑥ tribulation
	⑦ pang(가책)
	⑧ pain
구별	separation

고립	isolation
곤경, 곤고	difficulties
궁핍, 가난	① poverty
	② distress
기근, 흉년	① dearth
	② famine
가뭄	drought
기쁨	① gladness
	② delight
	③ joy
	④ rejoicing
격노, 분노	① wrath
	② rage
격노, 격분	fury
거처, 거주, 주소	① abode
	② habitation
구획(토지의)	parcel
권면, 충고	exhortation
구토	vomit
거름, 비료	manure
교활한 말	smooth talk
고요, 침묵	still
감시, 경계	lookout
곰팡이	mildew
관절	joint
겁, 소심	timidity
결박, 구금	chains
갈고리, 낫	hook

겨	chaff
기병	cavalry
깃털	feather
기름	fat
결점, 단점	defect
가짜, 모조	counterfeit
길이	length

1) 명사(2)

급여, 고용	hire
결과	① consequence
	② result
결실, 성과	fruitage
그릇	instrument articles
겉치레	false motive
각기	each of us
각각	one from another
각사람, 각각, 각자	every one
과수원	orchard
갈망, 열망	craving
간통, 음란	adultery
간부(남자)	adulterer
음부(여자)	adulteress
간통, 간음	fornication
간통자, 간음자	fornicator
계고(계교)	wicked schemes

굴, 동굴	cavern
갈등	conflict
강탈, 강요	extortion
광채	radiance
곤고한 날	a bitter day
거만, 오만	arrogance
거짓, 기만	delusion
경작자, 농부	tiller
공중의 새	birds of the air
관, 영구차	bier
구유	manger
격식	formality
가장, 족장	Patriarch
공허	empty
궁창	expanse
관리인, 수위	caretaker
노역	hard service
뇌물	bribery
노고	① toil
	② labor
낫	sickle
너비	width
누구든지, 뭇사람	any one
난잡	promiscuity
내생	the life to come
노염	anger
놀람, 경보(기)	alarm

놋, 구리	① cooper
	② brass
나팔소리	trumpet blasts
등경, 촛대	candle stick
다툼	① strife
	② disputing
대학살	massacre
당파, 파벌	faction
단(곡식의), 묶음	sheat
덩어리, 혹	lump
돌 무더기	pile of stone
둘, 쌍	twain
도기, 토기	pottery
대장간	forge

1) 명사(3)

다수, 군대	host
들풀	the grass of the field
더러운 것, 불결한 것	filthness
대담, 꿋꿋함	hardness
도둑질	theft
무기고	armory
먹이	prey
맛	savor

문설주, 문기둥	① doorpost ② gatepost
문지방	threshold
문간 출입구	doorway
미혹, 기만	delusion
명판, 패	tablet
문둥병	leprosy
몸의 지체	members of his body
묵은 누룩	the old leaver
묘지	burning place
만유, 세상	universe
만민	all people
모든 사람, 일일이	every one
모독, 모욕, 경멸	① blasphemy ② insult ③ contempt
물결	breaker(파도)
매춘부(남창)	prostitute
매음, 매춘	① harlotry ② prostitution ③ whoredom
만상	① all the stars ② all the starry host
매춘부(여자)	① harlot ② prostituter ③ whore
방언	tongues
부정	injustice

불순	impurity
불공평	partiality
보상	① recompense
	② reward
보습, 쟁기	① plow
	② plowshare
벽돌	brick
비탈, 경사	slope
발굽	hoof
보복	① retribution
	② vengeance
분쟁, 불화	① discord
	② dissension
복종, 순종	submission
백향목	cedar
부싯돌	flint
벌거숭이	nakedness
방탕	debauchery
방, 침실	chamber
불행, 고통	miseries
박해	persecution
비웃음, 멸시, 조롱	① taunt
	② scorn

1) 명사(4)

붉은 빛	scarlet

붉은 색	crimson
불만, 불평	grievance
분출	outbursts
분파	fraction
부정행위	corrupt practice
비난, 책망	accusation
비방, 중상	slander
번영	prosperity
받침 달린 잔	goblet
범사, 만물	① all thing
	② everything
바늘귀	the eye of needle
불신	unbelief
비난, 힐책	① reproach
	② rebuke
불법행위, 범죄	trespass
배교, 변절	apostasy
불순종	disobedience
반대, 부인	intradiction
반란	rebellion
붕괴, 폭락	collapse
분노, 분개	indignation
밭 이랑	a plowed field
보증인, 담보	surety
반창고	plaster
속담, 격언	byword(웃음거리)
속박	bondage
시비	arguing

수염	beard
신발끈	shoelatchet
신화, 전설	myth
상품, 물건	goods
섬, 작은 섬	isle
시체	corpus
실례	illustration
숯불	coal
상처	① wound
	② sorrow
	③ sore
수조, 물탱크	cistern
솥, 가마	oven
서로	① one another
	② each other
	③ one from another
	④ the one to the another
생물	living creature
생기	the breath of life
생수의 근원	the springs of living spring
새로운 피조물	new creation
스올	grave
수고	① effort
	② labor

1) 명사(5)

살아 있는 자	being alive
산 소망	living hope
손바닥	palm
순종의 종	slaves to obedience
상당한 응보	the due penalty
슬픔	① sorrow
	② grief
	③ mourning
	④ bitterness
사기, 속임	deceit
수치, 망신, 불명예	① disgrace
	② shame
	③ reproach
신음(소리)	groan
식초	vinegar
수레	chariot
석회	lime
생각	thought
(악한) 생각	evil thought
식욕, 욕구	appetite
소란, 소동, 법석	① uproar
	② turmoil
	③ tumult
쉬운 일	a light thing
선구자, 포고자	herald
속임, 사기	deception

살인	murder
사자	messenger
웃음거리	object of scorn
이야깃거리	object of ridicule
원망	complaining
응보, 천벌	retribution
아첨	flattery
인장, 도장	signet
이자	usuary
앙금, 찌끼	dreg
음모	① intrigue
	② conspiracy
욕	insult
육십	threescore
원수, 적의	① hostility
	② enmity
아궁이, 난로	hearth
임금, 급료, 응보	wages
여생	the rest of my years
음란	lewdness
음란, 음행	sexual immorality
음탕, 호색	lasciviousness
육체의 정욕	sinful desire
악의	malice
유혹, 거짓	deceitfulness
욕망, 육욕	lust

1) 명사(6)

악행, 비행	depravity
약탈	① plunder
	② ravin
악당, 불량배	scoundrel
압박, 탄압	oppression
악용, 남용	perversion
의식, 성찬식	ordinance
이야기, 소문	tale
우묵한 곳	hollow
안식일	the Sabbath day
원인, 소송	cause
욕심	craving
욕망, 욕구	desire
악, 죄, 과실, 잘못	wrong
일만 악	all kinds of evil
이 모든 것	all these things
오벨	citadal
유프라테스 하류	the flowing Euphrates
열성	zeal
이혼 증서	a bill of divorce
육체적 마음, 생각	① fleshly mind
	② carnaly mind
이름별 각각	each by name
은혜와 진리가 충만	full of grace and truth
육체의 연단	physical training
이교도	pagan

용기	might
유언	will
위반, 범죄	offense
외식, 위선	hypocrisy
응징, 천벌	scourage
적개심	hospitality
준비, 용이	readiness
적성, 능력	competence
저울 추	plumb line
진흙, 점토	① clay
	② slime
지팡이, 단장	cane
조약돌, 자갈	pebble
습지, 수렁	mire
접시 저울	scale
막대 저울	balance
장애물	stumbling block
지팡이, 막대기	① staff
	② stake
좁은 문	the narrow gate
장수	long life
장식, 장식품	ornament
죄의 죄	slaves to sin
전리품, 약탈품	spoil
정욕	① evil desire
	② passion

1) 명사(7)

질그릇	jar of clay
중년(장년)에	in the prince of my life
접시	platter
지참금	dowry
자루	sack
진노	fierce anger
제로, 무	nought
죄의 용서(사면)	the remission of sins
재물	① riches
	② goods
	③ treasure
	④ possessions
	⑤ mammon
	⑥ substance
재난, 재앙	① calamity
	② disaster
재앙, 전염병	plague
좌절, 실패	① frustration
	② failure
저주, 악당	cursing
자줏빛	purple
자존심, 오만	pride
조롱	mock
적, 상대	adversary
중얼거림, 불평	murmur
지극히 큰 상금	exeeding great reward

잔인함, 학대	cruelty
제사장 직분	priesthood
잡담	idle talk
참호	trench
채색	many colors
초등학문	basic principles
창	spear
친척, 혈연	kindred
처음, 최초, 시작	beginning
최초에	at the beginning
친위대장	captain of guard
차단, 격리	insulation
포학자의 기세	the breath of the ruthless
팔십	fourscore
폭	breadth
포로	captive
핍박	persecution
패륜아	an immoral person
파편, 조각	fragment piece
창피, 불명예	disgrace
파멸, 큰 재해	① catastrophe
	② destruction
	③ blow
풍부, 부유	abundance
풍요	planteousness

1) 명사(8)

혼돈	formless
호령	loud command
현기증	① spirits of dizziness
	② qualm
화환, 화관	wreath
횃불	① torch
	② burning lamp
헛산, 창고	barn
흙, 티끌	dust
항구, 안식처	haven
함정	① trap
	② snare
현관	portico
형상, 모양, 모습	① likeness
	② image
	③ appearance
	④ figure
	⑤ form
하나씩	one by one
한사람, 어떤 사람	a certain man
화살통	quiver
횟돌	chalk stone
한숨, 탄식	sign
한 방울 물	a drop
환락, 희락	① merriment
	② revelry

해악, 해	mischief
황폐, 파괴	① ravage ② ruins
혼란	disorder
확실	assurance
헛된 것(일)	vain thing
향락	pleasure
허망, 공허, 무익	vanity
힘, 폭력, 효력	force
혐오, 증오, 미움	abomination
해류	current(조류)
키, 체	sieve
통로	gateway
터	foundation
투기	① envy ② jealousy
태만, 방치	neglect
탐욕	① greed ② covetousness
탐험	expedition
탐심	coveting
써래	harrow
찌꺼기, 쓰레기	sweepins
깨끗함	purity
뜰	courtyard
쓸데없음, 헛것	futility

1) 명사(9)

city	① 성읍
	② 동네
	③ 시내
	④ 고을
	⑤ 성
heaven	① 하늘
	② 천국
	③ (H)하나님
living	① 살림
	② 생활
	③ 생계
	④ 생계비
man	① 사람, 인간, 인류, 인생
	② 남자, 남성, 사내, 남편
	③ 어른, 대장부
	④ 하인, 머슴
all men	모든 사람들
work(s)	① 행위(deed)
	② 일
	③ 행실
	④ 사역
the works of the world	세상의 일들

2) 형용사, 부사(1)

그 헤아림으로	with the same measure
가득한 분량으로	in full measure
거꾸로 된	upside down
기이하고 기이한	wonder upon wonder
깊은 바다에서	in the open sea
기념하여	in remembrance of
강제로	by force
견고한, 확고부동한	steadfast
겉으로는, 표면적	outwardly
그러나, 그렇지만	howbeit
건강에 해로운	unwholesome
굳건하게	in strength
거짓된	deceitful
기쁘게, 즐겁게	gladly
고집 센, 변덕스러운	wayward
감사할 줄 모르는	ungrateful
관대하게	① generously
	② sparingly
갑자기, 홀연히	suddenly
경솔한, 성급한	rash
그 종류대로	after its kind
고통 중에	being in torment
겁 많은, 소심한	timid
길들여지지 않는	untamed
가까이	be close at hand

값없이	① freely
	② free of charge
	③ for nothing
	④ without cost
눈빛으로	in her eyes
노년에	in his old ages
내가 부족한 것	what I need
낱낱이	in detail
두려운, 무서운	dreadful
다양한	manifold
대신하여	in his stead
당신 덕분에	for your sake
단번에	at one time
동일한 때에	at the same hour
둘씩	two and two
담대하게	fearlessly
독이 있는	venomous
다치지 않는	unscathed
더욱 더	all the more
더욱 많이	more and more
무자비한	ruthless
무정한	heartless
무수한, 셀 수 없는	numberless
매우, 심히	exeedingly
몰래, 비밀히	privily

2) 형용사, 부사(2)

멋대로	selfwill
맛있는	savoury
무법의, 제멋대로	unruly
미모의, 아리따운	wellfavored
모두 다	all together
무서운, 비참한	dire
믿음이 없는	godless
만족한	complacent
무지하여	in ignorance
모든 선한 일에	in every good work
마음으로부터	from the heart
마음속으로	within himself
많이 늙은	stricken in ages
비유로	in parable
벌써	long ago
범사에	① in all things
	② in every way
빈말뿐	only empty words
본질상	by nature
분수 이상으로	beyond proper limits
비난 받는	vulnerable
불의에, 뜻밖에	unaware
부당하게	wrongfully
분별 있는, 명철한	discreet
비옥한	fertile
불경스런	profane

비열한	vile
보배로운 믿음	precious faith
밭에서	in the field
부드럽게	tenderly
배신하는	treacherous
심령으로	with my spirit
심지어	more over
상처투성이(종기)	full of sores
속에서, 내부로부터	from within
쉬지 않고	without ceasing
선악간에	whether good or bad
사방	every side
사방에서	from the four quaters
세상적인	worldly
속으로는, 이면적	inwardly
실로, 참으로	① indeed
	② verily
솟아나는	springing
사악한	wicked
심술궂은	perverse
순전한, 무해한	harmless
신성한, 거룩한	divine
속이어, 배반하여	treacherously
살든지, 죽든지	whether by life of by death
순진한	native
스스로, 단독으로	by itself

2) 형용사, 부사(3)

시력이 약한	tender eyed
심한 증오	perfect hatred
상공의, 머리 위에	overhead
이유 없이	without cause
어떤 이유	every cause
여러 말로	in many words
우매한	senseless
안과 겉	within and outside
여러 해 동안	for years
은혜롭게	graciously
예정된	preordaining
아마, 우연히	peradventure
올바르게, 공정하게	rightly
야만적인, 이성이 없는	brute
억지로, 마지못하며	grudgingly
알기 쉬운	intelligible
온화한, 삼가는	temperate
유익한	good beneficial
어려서부터	from infancy
완전히, 어디까지나	through & through
욕하는	abusive
유력한, 힘센	potent
의식의, 위선의	hypocritical
완고한, 반항적인	① obstinate
	② rebellious
이와 같이	in the same way

여기서도 조금	a little here
의식적으로, 고의로	willingly
앞뒤로, 이리저리	back and forth
좌우에	on each side
저쪽	on the other
지명하여	by name
전에	formerly
즉시, 곧	anon
진실하게	faithfully
전심으로	whole hearted
조각조각	in pieces
좁은 문으로	at the straight gate
좁은 길로	in the narrow way
자만심이 강한	conceited
저기서도 조금	a little there
자식(아이) 없는	childless
죽은 것 같은	good as dead
잔인한, 가차없는	relentless
처음에	at the first
철저하게	throughly
친절한	kind
측량할 수 없는	unsearchable
환상 중에	in a vision
하물며	much more
황급히, 허둥지둥	in haste
행위로	by works
힘있게, 힘세게	forcefully
해가 바뀔 때	at the turn of the year

2) 형용사, 부사(4)

후하게, 넉넉하게	good(full) measure
환난 날에	in the days of affliction
허공에다	into the air
황폐한, 적막한	deserted
하나님을 앎으로	through the knowledge of God
헛되이, 무익하게	① for nothing
	② fertile
	③ in vain
	④ no purpose
	⑤ useless
큰소리로	with a loud voice
틀림없이, 반드시	① without doubt
	② surely
때를 따라	in due season
똑바르게, 곧	straightway
똑같이, 이와 같이	likewise
따라서, 그 결과	consequently
깜짝 놀라서	① aghast
	② with astonishment
끊임없이	continually
쪼개진, 부서진	splint

3) 동사(1)

간구하다	① beseech
	② entreat
고난받다	suffer
거룩하게 지켜라	keep it holy
거룩하게 하다	sanctify
공경하다	honor
(머리에) 기름을 붓다	anoint
갈망하다	yearn
겸손하다	humble
고요하다	be still
구원하다	① save
	② deliver
	③ relieve
	④ redeem
경의를 표하다	① do obeisance
	② make obeisance
	③ pay obeisance
걱정하다	① care
	② trouble
구하다	① ask
	② pray
	③ seek
	④ require
	⑤ pursue

놀라다	① amaze
	② astonish
	③ marvel
	④ surprise
	⑤ wonder
낮추다	abase
높이다	exalt
두다	① put
	② leave
두드리다	knock
데려오다	take in
두려워하다	① fear
	② be afraid
두려워하지말라	do not fear
다산하다	be fruitful
다스리다	① have dominion
	② govern
	③ reign
	④ rule
믿음으로 살리라	shall be live by faith
마음에 들라	find favor
마음을 두다	give heed to
멸하다	① consume
	② destroy
맛을 내다	season

3) 동사(2)

받다	① take
	② obtain
	③ receive
버리다	① forsake(백성을)
	② lay down(목숨을)
	③ leave(집을)
	④ purge out(제거하다)
	⑤ put away(아내를)
	⑥ refuse(사람을)
	⑦ take(제거하다)
번성하다	① be multiply
	② multiply
분별하다	discern
복수하다	① avenge
	② revenge
불쌍히 여기다(긍휼히)	① are very sorry
	② have compassion on you
	③ have mercy on you
	④ pity on you
	⑤ show mercy
	⑥ show one's favor on
범사에 감사하다	give thanks in all circumstance
섬기다	① serve
	② minister
삼가듣다	hear diligently
수고가 헛되다	labor in vain

선을 행하다	do good
시간이 가까워지다	the time draw nigh
생각하다	do mind
십자가에 못박다	crucify
성령으로 태어나다	is born of the spirit
쉬지 말고 기도하라	pray continually
살려주다	save you alive
(자기) 십자가를 지고	take up his cross
숨을 거두다	yield up life(spirit)
위로하다	comfort
유익이 되다	do profit
인사하다	salute
일어서다	stand upright
안색이 변하다	his countenance fell
용서하다	① forgive
	② condone
영접하다	receive
예언하다	prophesy
악으로부터 나오다	come of evil
은혜를 구하다(입다)	find grace
인애와 성실함으로 행하다	deal kindly and truly

3) 동사(3)

얻다	① embrace
얻다	② find
얻다	③ gain
얻다	④ have
얻다	⑤ win
은혜를 베풀다	① be gracious
은혜를 베풀다	② be spare
은혜를 베풀다	③ give favor
은혜를 베풀다	④ show kindness
여호와께 영광을 돌리다	give glory to the Lord
심판하다	① execute
심판하다	② judge
심판하다	③ judgement
주다	① deliver
주다	② give
주다	③ offer(드리다)
주다	④ put
주다	⑤ render
주다	⑥ take
존경하다	reverence
주시하다	look on
조심하다, 삼가하다	① take heed
조심하다, 삼가하다	② beware of
전도하다, 설교하다	preach
잠잠하다	remain silent
자신을 부인하다	deny himself

짓밟다	① trample
	② tread
정결케 하다	① be clean
	② cleanse
즐거워하다(기뻐하다)	① be merry
	② please
	③ rejoice
자유케 하다	set you free
죽이다	① put to death
	② slay
지키다	① guard
	② keep
	③ maintain
	④ observe
	⑤ preserve
	⑥ protect
	⑦ watch over
찾으라	seek
칭찬하다	① speak well of you
	② commend
천국이 가까이 왔느니라	the kingdom of heaven is at hand
하나님은 참되시다	God is true
하나님의 사랑을 받다	beloved of God
하늘을 우러러	look forward heaven

3) 동사(4)

회개하다	① repent ② convert(개심하다)
희생제물을 드리다	① offer ② sacrifices
항상 기뻐하다	be joyful always
헌납하다	dedicate
할례받다	circumcise
해를 끼치다	do harm
행하다	① do ② walk in ③ act
때가 이르매	the hour is come
때가 찼느니라	the time is fulfilled
떠나다	① leave ② depart

abound	① 풍부하다 ② 성하다
give	① 주다 ② 받다 ③ 허락하다
grudge	① 싫어하다 ② ~하기를 꺼리다
keep	① (말씀을) 지키다 ② 보존하다

offend	① 실족게 하다
	② 위반하다
prevail	① 이기다
	② 우세하다
	③ 유력하다
take	① 가져가다, 갖다
	② 내어주다(out)
	③ 데려가다
	④ 맹세하다
	⑤ 받다
	⑥ 얻다
	⑦ 제거하다(away)
	⑧ 취하다(up)
	⑨ 빼앗다

4) 말씀(절)

그의 믿음을 의로 여기시다
his faith is counted for righteousness.
네 믿음이 너를 구원하였느니라
your faith has made you whole.
네가 생육하고 번성하게 하라
make you fruit and multiply you.
믿음으로 값없이 의롭다 하시다
freely by faith, be justified.

믿음의 발자취를 따르다

walk in the footstep of the faith.

누구든지 악을 악으로 갚지 말라

nobody pays back wrong for wrong.

오직 강하고 담대하라

only be strong and of a good courage.

이전 일을 기억하지 말며

forget the former things.

옛날 일을 생각하지 말라

do not dwell on the past.

육신으로는 떠나 있으나 심령으로는 함께 있다

I am absent from you in body and present with you in spirit.

지극히 작은 것에 충실하라

be faithful in a very little.

죽은 자 가운데서 다시 살아나다

raised up again from the dead.

하나님은 없는 것을 있는 것으로 부르시니라

God call these things which not be as though they were.

하나님의 말씀이 너희 믿는 자 안에서 역사하신다

The word of God is at work in you who believe.

하나님이 세상을 이처럼 사랑하사 독생자를 주셨으니 이는 그를 믿는 자마다 멸망하지 않고, 영생을 얻게 하려 하심이라

For God so loved the world that he gave his one and only son, that whoever believes in him shall not perish but have eternal life.

6
그 외의 여러 가지 단어들

1) 피난처, 마귀, 날씨

피난처	
반석	rock
방패	shield
산성	stronghold
요새	fortress
안식(처), 휴식(처)	① rest
	② repose
피난처	① refuse
	② shelter
마귀	
귀신	① demon
	② evil spirit
마귀, 사탄	devil
악마	① diabolas
(M)	② demon
(Fe)	③ demoness
날씨	
그늘	shade

그림자, 그늘	shadow
구름	cloud
광명, 빛	light
더위	heat
등불	the light
등불심지	smoldering wick
무지개	① rainbow
	② bow
번개	lightening
안개	mist
운무	cloud of dew
연무	dense clouds
서광, 땅거미	twilight
햇빛	sun
흑암	① the thick darkness
	② blackness

2) 폭풍, 샘, 마을

폭풍	
급류	rushing torrent
넘치는 호우	flooding down pour
몰아치는 비	driving rain
소나기	shower
사나운 비바람	tempest
우박	hail
우박을 동반한 폭풍	hailstorm

우레, 천둥	thunder
호우, 억수	cloudburst
회오리 바람	tornado
폭우(천둥을 동반한)	thunderstorm
폭풍	① violent wind
	② windstorm
폭풍, 강풍	① gale
	② storm
태풍	strong wind
땅의 궁창(전체)	the circle of the earth

샘

근원, 샘물	spring
개천, 도랑	ditch
시냇물	① brooks
	② stream
수원(水源)	head
샘	foundation
샘, 우물	well

마을

광야	① the wilderness
	② desert
고국, 지방	country
고국	native land
골짜기	vale
골짜기, 계곡	① ravine
	② valley
먼 나라	a far country

마을	village
작은 산, 언덕	① hills
	② height
산기슭의 작은 언덕	foothill
작은 숲	grove
평야	plain
각 지역	every place

3) 마술사, 우상

마술사	
마술사, 마빕사	enchanters
마법사, 요술쟁이	magicians
점성가, 술사	astrologers
마법사, 마술사	sorcerers
점쟁이	diviner
무당	mediums
신접한 자	spiritists
요술, 마법	witchcraft
사술, 주술, 마술	socery
주문	spell
점, 점술	divination
복술	① magic spell
	② magic art
부적	magic charms

우상	
우상	① idol
	② image
주상	sacred stones
새긴 우상	graven image
이방신	strange gods
우상(새긴)	carved image
허무한 것	worthless idols
우상숭배자	idolater
우상숭배	idolatry
환상, 착각	illusion
우상(부은)	cast image

4) 임신, 젖먹이

임신	
약혼시키다	① betroth
	② engage
장가들고, 시집가고	marrying and giving in marrying
아내로 삼다	espouse
임신	① pregnancy
	② conception
잉태한 여인	a woman with child
잉태(임신)하다	① bring to birth
	② conceive
	③ carry

	④ be with child
산기가 임박한 여인	a woman about to give birth
분만중인 여인	woman in labor
출산	birth
해산의 고통	① labor
	② pains
해산하다, 아이를 낳다	① bear
	② bring forth
	③ bring to deliver
	④ deliver
	⑤ give birth to his son
	⑥ beget(주어)
임신하지 못하는 사람	the barren

젖먹이

강보에 싸인 아이	the babe wrapped in swaddling cloths
젖먹이	suckling
젖먹는 아이	baby at her breast
어린 아기	babe
유모	① foster
	② nursing mother
양부	foster father
소년, 젊은이	① lad
	② boy
소녀, 처녀	damsel
정결한 처녀	a pure virgin
신부	bride
신랑	bridegroom

본 남편	(my)husband as at first
둘째 남편	the latter husband
전 남편	former husband
첩, 제2부인	concubine
서자	son of concubine
과부 때	widowhood
고자, 내시	eunuch

5) 가축, 동물

어린양	lamb
숫양	ram
양떼	flock
양 우리	fold
숫염소	goat
숫사슴	hart
암사슴	hind
송아지	calf
숫송아지	bull
어린 암소	heifer
수소, (일반적) 소	ox(복수: oxen)
소떼, 소	herds
새끼돼지	pig
돼지	swine
병아리	chicken
암탉	hen

<table>
<tr><td>집비둘기</td><td>pigeon</td></tr>
<tr><td>산비둘기</td><td>turtle dove</td></tr>
<tr><td rowspan="2">가축</td><td>① cattle</td></tr>
<tr><td>② livestock</td></tr>
<tr><td>가축의 떼</td><td>drove</td></tr>
<tr><td>외양간, 축사</td><td>stall</td></tr>
<tr><td>구유</td><td>manger</td></tr>
<tr><td>목동</td><td>herd man</td></tr>
<tr><td>꼴</td><td>pasture</td></tr>
<tr><td>들새, 솔개</td><td>foal</td></tr>
<tr><td>독수리</td><td>vulture</td></tr>
<tr><td>늑대, 이리</td><td>wolf</td></tr>
<tr><td>(사자, 범) 새끼</td><td>whelp</td></tr>
<tr><td>뱀</td><td>snake</td></tr>
<tr><td>불뱀</td><td>servant</td></tr>
<tr><td>독사</td><td>viper</td></tr>
<tr><td rowspan="2">메뚜기, 황충</td><td>① grasshopper</td></tr>
<tr><td>② (메뚜기) locust</td></tr>
<tr><td>타조</td><td>owl</td></tr>
<tr><td>승냥이</td><td>jackal</td></tr>
<tr><td rowspan="3">들짐승</td><td>① wild animal</td></tr>
<tr><td>② wild beasts</td></tr>
<tr><td>③ desert creatures</td></tr>
<tr><td>첫 번째 난 것들</td><td>firstlings</td></tr>
<tr><td>사냥한 고기, 사슴 고기</td><td>venison</td></tr>
<tr><td>짐승의 사체</td><td>carcase</td></tr>
<tr><td>소굴</td><td>haunt</td></tr>
<tr><td>재갈</td><td>bit</td></tr>
</table>

톱	saw

6) 가지, 곡물

가지	
가지	branch(가장 넓은 뜻)
작은 가지	twig
어린 가지	spring
큰 가지	① bough
	② limb
무성한 가지	a fruitful bough
그루터기, 지푸라기	① stubbles
	② stub
	③ stump
가시나무	① thornbush
	② thorn
나무토막	block of wood
덤불, 수풀	thicket
산울타리	hedge
새싹, 어린 가지	shoot
상한 갈대	bruised reed
송이(과일, 꽃의)	cluster
연한 새싹(순)	tender shoot
엉겅퀴	thistles
작은 숲	grove
전지, 가지치기	pluning
잡초	tumble weed

곡물	
곡물	① corn
	② grain
귀리	spelt
곡식, 수확물	fruits
건포도	raisin
대맥(보리)	barley
밀가루	flour
식량, 양식	provisions
소맥(밀)	wheat
송이, 다발	bunch
이삭	heads of grain
이삭줍기	gleaning
양식, 음식(물), 떡	① food
	② bread
채소	plants
채소, 풀잎	herb
파종	planting

7) 보석, 근육

보석	
홍보석	ruby
황보석	topaz
청보석	sappire
산호	coral

진주	pearl
정금	pure gold
순금	solid gold
패물	jewels of gold
보화, 보물	treasure
팔찌	bracelets

근육

근육, 힘줄	sinew
관절	hollow
무릎	lap
허리	loin
가슴, 품	bossom
배	belly
뺨	cheek
띠, 허리띠	girdle
허벅지, 넓적다리	thigh
눈꺼풀	eyelid
턱	jaw
창자, 내장	bowel
쓸개	gall
몸	body
발꿈치	heel
발톱	claw
아귀	mouth
한 입, 한 조각	morsel

8) 오늘

오늘	today
지금 오늘	this day
바로 그 날	the same day
지금까지	to this day
바로 이 시각까지	to this very hour
이때에	at this hour
새벽에	at dawn
동틀 때에	at day break
날이 샐 때	the breaking of the day
날이 밝기 전에	before day
밝기까지	until daylight
일출	the rising sun
날이 새도록	until the breaking of the day
날이 밝다	It is day
대낮에, 백주에	at noon
한낮	high day
오늘도	even now
날마다	day after day
날로	day and day
땅거미, 해 질 무렵	at dusk
하루 사이에, 한날에	in a single day
하룻밤(에)	① over night
	② in a night
이튿날	morror
어느 날	a certain day
훗날	in time to come

후일에	in later times
잠깐, 한순간	① a moment
	② for a little while
순식간에	in a instant
매순간	every moment
조금 있으면	in a little while
지금도 전과 같이	now as always
평생토록	all the days of your life
나그네 길의 세월	the days of the year of my pilgrimage (인생행로)
샛별	morning star

9) 그때부터

그때부터	① from the days
	② from that hour
	③ from that time
그때에	at that season
어느 때에	at what time
오랜 후에	a long time later
이후에는, 나중에	① afterward
	② hearafter
옛적에	in former days
이후로는, 이제부터	① henceforth
	② henceforward
후세, 후일	the days to come
그 이후, 그때부터	thenceforth

멀리, 멀리서	① aloof ② afar off ③ from afar
뒤에	after
뒤로	backward
맨 뒤에	hindermost
맨 앞에, 선두에	foremost
여기서	hence
여기에	herein
여기까지	hitherto
이곳으로	hither
거기서	thence
거기에서, 그 안에	therein
그것에 관하여, 그것의	thereof
그 위에	thereon
그쪽에, 저쪽에	thither
이와 같이, 이렇게	thus
기타	whatever else
무엇을	whatsoever
어디서, 어찌하여	whence
어디서 났는지	when it was
어느 것이	whether
왜, 어찌하여	wherefore
무엇으로	where with
속, 안에는	within
~없이, ~밖에	without
어디로, 어디에	wither
누구에서든지	whomsoever

같이, 그 위에	withal
어디로	withersoever

10) 안색, 향료

안색	
안색, 용모, 표정	countenance
성미, 성질	temper
점	spot
흠, 오점	blemish
흰머리	gray hairs
향료	
향료	spicery
유황	balm, sulfur
몰약	myrrh
침향	aloe
향기	aroma, fragrance
냄새	smell

참고문헌

개역개정 큰글성경, 대한성서공회

김형석, 《예수》, 이와우

______, 《어떻게 믿을 것인가》, 이와우

존 파이퍼, 《예수님의 지상명령》, 생명의말씀사

케네스 외 1인, 《믿음에서 믿음으로》, 사랑의 메시지

조병호, 《성경과 5대 제국》, 통독원

______, 《성경과 고대 전쟁》, 통독원

______, 《신구약 중간사》, 통독원

박은조, 《회복》, 몽당연필

김찬종 외, 《365 축복의 통로》, 베드로서원

서병길 외, 〈기독일보〉

장재호 외, 〈기독신문〉

정우성 외, 〈크리스천 헤럴드〉

〈국민일보〉, 〈한국일보〉, 〈조선일보〉 외